汉语作文快易通

HSK 作文指南

夏小芸　范　伟　编著

北京大学出版社

北　京

图书在版编目（CIP）数据

汉语作文快易通：HSK 作文指南 / 夏小芸，范伟 编著. —北京：北京大学出版社，2004. 9

（北大版 HSK 应试辅导丛书）

ISBN 978-7-301-07779-5

Ⅰ. 汉⋯　Ⅱ. ①夏⋯②范⋯　Ⅲ. 汉语 – 写作 – 对外汉语教学 – 水平考试 – 自学参考资料　Ⅳ. H195.4

中国版本图书馆 CIP 数据核字（2004）第 099724 号

书　　　名：汉语作文快易通：HSK 作文指南
著作责任者：夏小芸　范 伟 编著
责 任 编 辑：沈　岚
标 准 书 号：ISBN 978-7-301-07779-5/H·1126
出 版 发 行：北京大学出版社
地　　　址：北京市海淀区成府路 205 号　　100871
网　　　址：http://www.pup.cn
电　　　话：邮购部 62752015　发行部 62750672　编辑部 62752028　出版部 62754962
电 子 邮 箱：zpup@pup.pku.edu.cn
印　刷　者：北京大学印刷厂
经　销　者：新华书店
　　　　　　787 毫米×1092 毫米　16 开本　12.25 印张　200 千字
　　　　　　2004 年 9 月第 1 版　2010 年 10 月第 4 次印刷
定　　　价：33.00 元

本 书 介 绍

　　本书既可以作为教师讲授汉语写作时的教材,亦可作为学生参加 HSK 考试的自学用书。本书有二十篇课文,一方面考虑到汉语写作的实用性,一方面也考虑到目前 HSK 作文试题涉及的各种体裁,所以本书分为"实用文""记叙文""说明文""议论文"四个板块,每个板块各五课。五课中,又根据不同类别及不同梯度,分为两组,两篇内容较浅,三篇内容较深,可供不同水平的学生使用。

本书特色:

　　1)快:全书涉及各种体裁,选取有代表性的作文 40 篇,提供常见格式和句型,全方位迅速提高学生汉语作文能力,攻破 HSK 作文考试大关。

　　2)易:选取范文中大量的有代表性的格式和句型,讲解简明扼要,针对外国学生特有的错误给予提示,练习由浅入深,有很强的可操作性。此外,完备的参考答案给学生自学和教师讲解提供了便利。

　　3)通:可适用于初、中、高不同水平的学生,以循环递进的方式进行教学。同时提供大量有代表性的范文和不同体裁写作中的高频词汇,使学生触类旁通。

本书课文体例如下:

　　第一部分为"范文",选取有代表性的一篇文章,供教师讲解和学生参考。其中一些重要格式和词汇,皆以"＿＿＿＿"标出。

　　第二部分为"生词",拼音的声调皆以实际读音标注。

　　第三部分为"说明",是关于如何写作这一类体裁文章的说明。说明不长,以免让学生和老师觉得不精练。

　　第四部分为"小提示",根据总结出的外国学生作文中的重点错误及薄弱环节,重点讲解一些语法知识和实用写作知识,包括语法的介绍、标点的介绍、书面语的介绍、修辞手法的介绍等等。每课一般只围绕一个主题。

　　第五部分为"练习",从字到词,从词到句,从句到段,从段到篇章,让学生系统地进行练习,并力求练习的生动活泼。

第六部分为"改一改",给一篇有错误的学生作文,包括语法、汉字、语义等各方面的错误,先请学生根据提示改一改,然后参考后面的正确答案。这样,既锻炼了学生的纠错能力,也给学生提供了另一篇文章进行参考。

自学和授课建议:

对于初中等水平的学生,建议以这样的顺序进行学习和讲解,第一课、第三课、第六课、第八课、第十一课、第十三课、第十六课、第十八课,这些课文在梯度上相似。然后再从第二课开始,余下的课文都程度较高,同时在内容上又与前面较浅程度的课文有一个呼应。

至于中高级水平的学生,建议按本书的顺序进行,也可以按学生的兴趣跳讲。如第一课、第二课,然后第六课、第七课也行,这样相邻课文的程度不一样,对于中、高级学生来说是一次复习和提高的过程。

本书的一些范文是根据某些已发表的文章改写的,笔者曾试图与原作者联系,但因为诸多原因,没有联系上,在此谨向原作者表示感谢。本书在编写过程中,得到了邹昭华老师的热情帮助以及南京师范大学国际文化教育学院的支持,在此一并表示深深的谢意。希望本书能为国内外的汉语写作教学提供参考并恳请各位同仁多提宝贵意见。

夏小芸　范　伟
2004 年 6 月

目 录

实用文

记叙文

说明文

议论文

实用文

第一课　一封给老师的信

范　文

尊敬的王老师：

您好！

好久没写信了，我一直很想念您。您最近怎么样？工作顺利吗？

回国以后，我继续在大学学习汉语，一直很忙，没有及时给您写信，请原谅！您在信中寄来的照片，让我想起了在中国跟您和同学们在一起的美好时光，那时候大家都很认真，你追我赶地学习，真是"一寸光阴一寸金"啊！您的课听起来也非常有意思，学习汉语真是一件轻松而且愉快的事。回国以后，没有那样的语言环境，周围的同学也在忙着找工作，学习气氛很不好，我的汉语水平已经退步了。但是我真的不想丢掉汉语，所以一有机会，我就自己跟自己说汉语，练习口语，还在网上看中国电影。真希望以后还能去中国，见您和我的中国朋友们！

先写到这儿吧，希望很快能收到您的回信！

祝您

身体健康，工作顺利！

李美娟

2003．7．11

生　词

1. 尊敬	（形、动）	zūnjìng	respect
2. 想念	（动、名）	xiǎngniàn	miss
3. 顺利	（形）	shùnlì	smooth; successful
4. 继续	（动）	jìxù	go on
5. 及时	（形）	jíshí	in time
6. 原谅	（动）	yuánliàng	forgive
7. 你追我赶		nǐ zhuī wǒ gǎn	competitively
8. 一寸光阴		yí cùn guāngyīn	Don't waste the time
一寸金		yí cùn jīn	
9. 轻松	（形）	qīngsōng	relaxed
10. 愉快	（形）	yúkuài	happy
11. 环境	（名）	huánjìng	environment
12. 气氛	（名）	qìfēn	atmosphere
13. 退步	（动）	tuìbù	lag behind
14. 丢	（动）	diū	lose
15. 机会	（名）	jīhuì	chance
16. 网	（名）	wǎng	Internet
17. 健康	（形、名）	jiànkāng	in good health

说　明

私人书信的一般格式为:

1. 开头:先写称呼,可以是名字,也可以是"亲爱的爸爸、妈妈"、"尊敬的老师"等,后面还有"您好"、"你好"、"新年好"等。

2. 正文:一开始常写"好久没写信了,非常想念你"、"收到你的信,很高兴"等,接下来写具体的事。快结束时写"今天先写到这儿"、"多联系"等。

3. 结尾:主要是表示祝愿的话,如"祝你身体健康"、"祝全家幸福"等。

4. 写信人的署名和日期。

小提示

写信和作文的基本格式

亲爱的李明:(称呼要顶格写)

　　你好! (空两格写)

　　　×××××××××××××××××××××××××××××

×××××××××××××××××××××××××××××××。

　　　××××××××××××××××××。(每换一段开头都空两格)

　　祝你 (空两格)

身体健康! (顶格写)

　　　　　　　　　　　　　　　朴正明

　　　　　　　　　　　　　　2003-12-5

　　　　　　　　　　　　(姓名、日期写在右下角)

一些常用标点：

标点	名称	占稿纸格数	常见用法	例　子
，	逗号	一格	一句话没说完时，用来分开其中的每一小句	我想去，可是他不同意。
。	句号	一格	一句话说完了	感谢您的关心。
：	冒号	一格	书信开头称呼的后边	亲爱的张老师：
：""	冒号双引号	冒号、前、后引号各占一格	用来引出人物说的话	他笑着说："你好！"
""	双引号	两格	引出别人的话或格言等	真是"一寸光阴一寸金"啊！
！	感叹号	一格	表示强烈的感情或祝愿	祝您身体健康！
……	省略号	两格	省略一些话	我喜欢打球、下棋……
——	破折号	两格	引出要解释的内容	他—— 一个工人。
《》	书名号	两格	引出书或资料等的名称	《雷雨》

请你改一改标点：

1. 祝你工作顺利——	
2. 亲爱的小燕。	
3. 这本书的名字叫"日出"。	
4. 烟雾慢慢地散了…	
5. 我先回去,明天再来.	

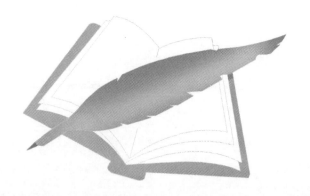

练习

1. 请把下面的偏旁连起来,在横线上写出这个字,然后用这个字组词。

苟　　　圣　　　＿＿＿＿＿＿　　（　　）（　　）

今　　　竟　　　＿＿＿＿＿＿　　（　　）（　　）

车(车)　隶　　　＿＿＿＿＿＿　　（　　）（　　）

土(土)　攵　　　＿＿＿＿＿＿　　（　　）（　　）

木(木)　心　　　＿＿＿＿＿＿　　（　　）（　　）

广　　　几　　　＿＿＿＿＿＿　　（　　）（　　）

2. 请用课文里的词填空。

1) ＿＿＿＿＿没看到您了,我真的很＿＿＿＿＿您。您＿＿＿＿＿怎么样?

2) 我＿＿＿＿＿在找工作,没有＿＿＿＿＿给您回信,请＿＿＿＿＿!

3) 这首歌＿＿＿＿＿我想起了那段＿＿＿＿＿＿的时光。

4) 爬山时大家＿＿＿＿＿＿＿＿＿＿,很快就爬到了山顶。

5) 那家咖啡屋周围的＿＿＿＿＿不错,店内的＿＿＿＿＿也很好。

6) 我＿＿＿＿＿有空＿＿＿＿＿跟你联系,真＿＿＿＿＿以后能常常见面。

3. 请参考课文中的原句,模仿下面的格式写句子。

1) 原句:好久没写信了,我一直很想念您。

　　格式:好久……,我一直很想念……。

2) 原句:我没有及时给您写信,请原谅!

　　格式:我没有……,请原谅!

3) 原句:您在信中寄来的照片,让我想起了在中国跟您和同学们在一起的
　　　　美好时光。

　　格式:……的……,让我想起了……。

4) 原句：学习汉语真是一件轻松而且愉快的事。

格式：……真是一件……的事。

5) 原句：我真的不想丢掉汉语，所以一有机会，就自己跟自己说汉语。

格式：我真的……，所以……。

6) 原句：先写到这儿吧，希望很快能收到您的回信！

格式：先写到这儿吧，希望……！

4. 请把下面这段话以信的方式写在后面的信纸上。

　　下午，我给麦克写了封信，他上个月给我写信了，但我一直没回，真不好意思。但我最近有好几个考试，我也没办法。我向他问好了，想想我在英国留学时跟他一起游玩的好时光，真想再回去啊。我告诉他我最近参加了剑桥商务英语的考试，希望以后能做这方面的工作。希望他快回信！

5. 请你仿照课文,给朋友或亲人写一封信。(字数不少于 150 字)

改一改

　　这是别的同学写的文章,请对数字标注的地方进行修改,然后参考后面的答案。

　　尊敬的王老师[1]:
您好[2]!
好久不[3]写信了,我一直很想念您。您最近工作顺利吗?
我现在学习计算机系[4],学习生活非常忙,没能常常给您写信,请原谅! 我开始学习专业以后,常常回忆起跟您学习的漂亮[5]时光,您的课非常有意思,那时我觉得学习真是一件轻松而且愉快事[6]。现在我觉得很吃力,因为有很多专业词没听懂[7],老师的发音又不太好,所以我只能问同学借笔记。我的新同学们都非常好,他们都很愿意帮助了[8]我,我最近越来越感兴趣电脑[9]。有空的时候,我还做网上[10]看看电影、听听音乐,很愉快。
今天就写到这儿吧!
　　祝您
身体健康,万事如意!
金明石[11]
2003.7.11

第二课 一封求职信

范 文

汉唐广告公司人力资源部经理：

您好！

在报纸上看到贵公司的招聘启事，我对广告设计一职很感兴趣。我现年22岁，生于汉城，今年7月将从汉城大学艺术学院广告设计系毕业。大学期间，我曾担任过学生会宣传部长一职。业余时间，我还积极参加社会实践，参加过一些著名广告公司的广告设计活动，其中我的一幅"青春"还获得了铜奖。2002年我还去中国留学了一年，提高了汉语水平。此外，我还参加了学校的一些兴趣小组，这拓展了我的知识面。目前，我已经获得了TOELC（850分）、HSK（6级）等证书。我一直喜欢有创意的活动，如能被贵公司录用，相信能很快发挥自己的特长。

如果您对我的求职感兴趣，请打手机：0197865432 或发E-mail：ym23@hanmail.com 与我联系，我希望能尽快收到您的回信。

随信附上简历一份，作品两篇和证书复印件。

祝

工作顺利！

崔永民

2003．4．30

生　词

1. 人力资源部		rénlì zīyuánbù	department of human resources
2. 贵	（形）	guì	expensive
3. 招聘	（动）	zhāopìn	invite applications for a job
4. 启事	（名）	qǐshì	announcement
5. 现年		xiànnián	present age
6. 期间	（名）	qījiān	period
7. 曾	（副）	céng	ever
8. 担任	（动）	dānrèn	assume office of
9. 获得	（动）	huòdé	gain; acquire
10. 此外	（连）	cǐwài	what's more
11. 开拓	（动）	kāituò	develop
12. 知识面	（名）	zhīshimiàn	one's knowledge scope
13. 创意	（名）	chuàngyì	originality
14. 录用	（动）	lùyòng	hire
15. 发挥	（动）	fāhuī	promote
16. 特长	（名）	tècháng	specialty
17. 尽快	（副）	jǐnkuài	as soon as possible
18. 附	（动）	fù	attach
19. 简历	（名）	jiǎnlì	resume
20. 复印件	（名）	fùyìnjiàn	copy

说　明

求职信是公文书信,其一般格式为:

1. 开头。先写称呼,可以是用人单位的领导,也可以是该单位,但一般不写"尊敬的""亲爱的""你好"等。

2. 正文。首先提到在哪儿看到启事和对什么职位、什么机会感兴趣。其次介绍个人的情况。此外,还要介绍个人的成绩、能力等,一般要用到"成绩优良""有一定的……能力"等。最后,还要写一下申请人的想法。

3. 结尾。求职信的结尾应该写上求职者的联系方式,并写上"盼早日回信"等等表示盼望的客套话。

4. 写信人的署名和日期。

小提示

书面语和口语

　　书面语和口语不一样,特别是像求职信等公文体的应用文,为了表示正式和严谨,在一些主要格式上都应该使用书面语。就拿这篇求职信来说吧:

你们公司	贵公司	要是能被录用	如能被录用
今年 22 岁	现年	和这封信在一起	随信
在汉城出生	生于汉城	一同寄上	附上
大学的时候	大学期间	复印出来的证书	证书复印件

请你改一改：

1. 你们出版社。	
2. 我 1980 年在汉城出生。	
3. 要是能答应我。	
4. 复印好的简历一份。	
5. 跟这封信一同寄给你。	

练 习

1. 请把下面的偏旁连起来,在横线上写出这个字,然后用这个字组词。

次	狄	_____	（　　　）（　　　）
其	贝	_____	（　　　）（　　　）
艹	力	_____	（　　　）（　　　）
仓	月	_____	（　　　）（　　　）
牛	寺	_____	（　　　）（　　　）
厂	刂	_____	（　　　）（　　　）

2. 请用课文里的词填空。

1) 我看到_____公司的招聘启事,_____其中电脑工程师_____职很感兴趣。

2) 我今年将_____梨花女子大学行政管理_____毕业。

3) 我曾_____过学生会会长一_____。

4) 业余时间,我还_____了一些兴趣小组,这_____了我的思维。

5) 目前,我已经_____了 HSK 9 级证书。

6) 请随时_____电子邮件给我,希望能_____收到你的答复。

3. 请参考课文中的原句,模仿下面的格式写句子。

1) 原句:在报纸上看到贵公司的招聘启事,我对其中广告设计一职很感兴趣。

格式：在……上看到……的招聘启事,我对其中……一职很感兴趣。

2）原句：我现年22岁,生于汉城,今年7月将从汉城大学艺术学院
广告设计专业毕业。

格式：我现年……,生于……,今年……将从……毕业。

3）原句：大学期间,我曾担任过学生会宣传部长一职。

格式：……期间,我曾担任过……一职。

4）原句：我参加过一些著名广告公司的广告设计活动。

格式：我参加过……活动。

5）原句：目前,我已经获得了TOELC、HSK等证书。

格式：目前,我已经获得了……等证书。

6）原句：如能被贵公司录用,相信能很快发挥自己的特长。

格式：如能被贵……录用,相信能……。

7）原句：随信附上简历一份,作品两篇和证书复印件。

格式：随信附上……。

4. 请根据下面的招聘启事,写一封求职信。

招聘启事

本公司诚聘营销员1名,要求女性,本科以上学历,形象、气质俱佳,沟通能力强,有强烈的工作责任心与团队合作精神,年龄在23岁至30岁之间。有意者请将个人简历、近照、毕业证书及身份证复印件寄到深圳市福田区劲松大厦二楼C座345房,电话:5467898,电子邮箱:tui8@public.szp.net.cn。

5. 请你仿照课文,写一封求职信。(字数不少于 150 字)

改一改

这是别的同学写的文章,请对数字标注的地方进行修改,然后参考后面的答案。

杰出电脑公司人事部经理:

您好!

在报纸里[1]看到你们[2]公司的招聘启事,我对营销主管一职很感兴趣。我现年25岁,今年毕业北京外国语大学国际贸易系[3]。大学时间[4],我的成绩非常好,每个年[5]都拿到了奖学金。业余时间,我还积极参加社会实践,暑假常打工一家贸易公司[6]。还有[7],我一直对计算机感兴趣,曾参加过计算机课程的学习。

相信根据[8]我的经验和努力,一定能你们公司带来[9]效益。希望你们[10]给我这样的机会,如能让[11]录用,我将非常感谢。我的电话是:0111312456,电子邮箱地址是:wan12@hotmail.com,希望你们快点儿回答[12]。

信的后面有简历一份和复印好的获奖证书[13]。

祝

工作顺利[14]

海伦

2003-12-6

第三课　一封感谢信

范　文

中北出租车公司<u>有关</u>领导：

　　你们好！

　　我是南京师范大学的一名美国留学生。<u>我想向</u>贵公司出租车司机王明先生<u>表示衷心的感谢</u>。

　　本月2号，我和男朋友一起打的去江苏国际展览馆看国际服装展，匆忙间<u>不小心</u>将钱包丢在王师傅的车上。我们在展览完了以后才发现，心里<u>非常着急</u>。<u>钱包</u>里有<u>两千元现金</u>，<u>重要的是</u>还有我的护照和居留证。我们下车时并没有要发票，只记得好像是中北的出租车，所以赶紧打电话给贵公司的查询台。打到查询台得知，王师傅早就将钱包交给了查询台。在我的再三追问下，查询台才将司机的姓名和电话号码告诉我们。<u>我们很感激</u>王师傅，想请王师傅吃饭，他谢绝了，说这是他应该做的。<u>我们十分钦佩</u>王师傅这种拾金不昧<u>的精神</u>，所以写信<u>再次表示我们深深的谢意</u>。

　　相信贵公司生意会越来越好！

大卫

2003．7．8

生 词

1. 有关		yǒuguān	be relevant
2. 衷心	(形)	zhōngxīn	heartfelt
3. 展览馆	(名)	zhǎnlǎnguǎn	exhibition hall
4. 匆忙	(形)	cōngmáng	in a hurry
5. 师傅	(名)	shīfu	comrade
6. 现金	(名)	xiànjīn	cash
7. 护照	(名)	hùzhào	passport
8. 居留证	(名)	jūliúzhèng	residence permit
9. 发票	(名)	fāpiào	receipt
10. 赶紧	(形)	gǎnjǐn	hurriedly
11. 查询	(动)	cháxún	inquiry
12. 追问	(动)	zhuīwèn	question minutely
13. 谢绝	(动)	xièjué	refuse
14. 钦佩	(动)	qīnpèi	admire
15. 拾金不昧		shí jīn bú mèi	not pocket the money one picks up

说　明

感谢信的一般格式为：

1. 开头。先写称呼,可以是用人单位的领导,也可以是该单位。

2. 正文。首先表明身份,然后直接写出对谁表示谢意。接着说明为什么表示谢意,常以"……年……月……日"引出发生了什么样的事情。最后应该再次表示感谢。

3. 结尾。感谢信的结尾不需要什么客套话,只需要一般的"致""礼"或者"祝好人一生平安""祝贵公司生意兴隆"等话就可以了。

4. 写信人的署名和日期。

小提示

副词的位置

　　副词大部分情况下都放在句子主语的后面,谓语动词或某些形容词的前面作状语。如:我们心里非常着急。

　　两个副词连用时,有时意思不一样。如:"我们都不去"和"我们不都去"。

几组常用副词的简单比较

1. 不和没

	不	没
对某物或人的属性否定	他不好。	
主观上否定	我不想去。	
过去某事没发生过		他没去过上海。

2. 就和才

	就	才
发生得早	他八点就来了。(常有"了")	
发生得晚		他八点才来。
事情顺利	大家没什么意见就通过了。	
事情不顺利		改了三次才通过。
速度快	三五下就吃完了。	
速度慢		吃了半个小时才吃完。

3. 再和又

	再	又
动作还没发生	明天我再来。	
动作已经发生		他八点又来了。

请你改一改:

1. 他没请我,我没想去。	
2. 放入作料,以煮一会儿,就好了。	
3. 先您准备材料吧。	
4. 所以听一直。	
5. 最近也我有时间。	

练习

1. 请把下面的偏旁连起来,在空格上写出这个字,然后用这个字组词。

⺌	见	_____	( )	( )	
亻	射	_____	( )	( )	
扌	干	_____	( )	( )	
囗	田	_____	( )	( )	
走	官	_____	( )	( )	
讠	户	_____	( )	( )	

2. 请用课文里的词填空。

1) 我想向_____的人问一下这件事,我该_____谁呢?

2) 他匆忙_____把字打错了,在他的_____解释下,公司原谅了他。

3) 这不只是你不小心的问题,_____你没有责任心。

4) _____我家的困难后,社会各界热情地帮助了我们,我们表示_____的感谢。

5) 虽然我_____你的精神,但我做不到像你这样。

6) 他已_____这件事告诉我们了,你不要再_____他了。

3. 请参考课文中的原句,模仿下面的格式写句子。

1) 原句:我是南京师范大学的一名美国留学生。

　　格式:我是……的……一名留学生。

2) 原句:我想向贵公司出租车司机王明先生表示衷心的感谢。

　　格式:我想向……表示……的感谢。

3) 原句:匆忙间不小心将钱包丢在王师傅的车上。

　　格式:匆忙间不小心将……丢在……。

4) 原句：打到查询台得知,王师傅早就将钱包交给了查询台。

格式：……得知,……早就……了……。

5) 原句：在我的再三追问下,查询台才将司机的姓名和电话号码告诉我们。

格式：在……的……下,……才……。

6) 原句：我们很感激王师傅,想请王师傅吃饭,他谢绝了。

格式：我们很感激……,想……,他谢绝了。

7) 原句：我们十分钦佩王师傅这种拾金不昧的精神。

格式：我们十分钦佩……这种……的精神。

4. 请根据下面这件事,写一封感谢信。

　　这个月的 3 号,你去爬山了,但是下山的时候不小心摔伤了腿。这时一个同学赶紧过来,把你扶起来,还带你去医院检查,钱都是他出的。你后来才知道他是英语系四年级的学生,你决定写一封信给他,希望系里能表扬他这种乐于助人的精神。

5. 请你仿照课文,写一封感谢信。(字数不少于 150 字)

改一改

这是别的同学写的文章,请对数字标注的地方进行修改,然后参考后面的答案。

王老师,[1]

您好!

我快要回国了,想写这封信您[2]表示我深深的谢意。三年前,我中国来[3]不久,才[4]因为胃病疼得不能去上课。您知道了我的情况后,来马上[5]我的宿舍,打车带我去医院。我在医院挂药水[6]的时候,您天天来陪我,还有[7]亲自烧了稀饭给我吃。在您的帮助中[8],我的胃病慢慢好[9],身体也渐渐好起来。在这三年里,您总是也[10]关心我,帮助我,不断的[11]鼓励我。因此,我的汉语水平有了很大的提高,通过了HSK7级考试。在我离开前,我想对您大声地说,[12]"谢谢!"

祝[13]您

身体健康,一切顺利!

小林玉子

2003.7.6

第四课　申请书

范　文

申 请 书

校留学生办公室：

　　我是斯里兰卡留学生伊丽达，目前在校中文系攻读古代文学博士学位。本人 2002 年 9 月入学，到本学期末，我的博士课程已基本修完，也已获得相应学分。在导师的悉心指导和本人的刻苦钻研下，我的博士学位论文题目已经确定。我的论文涉及斯中两国的文学理论比较，其中有关我国的部分文献资料在中国的图书馆保存较少，相对来说，我国这方面的资料则丰富得多。同时，按规定，博士生可以有个人研究的专门时间，所以我希望能够回国，边查资料边写论文。特此申请离校半年，时间从 2004 年 3 月至 9 月。另外，此期间的奖学金我也想在回国前一次性领出，望你们能够酌情予以考虑。

　　此致

敬礼！

申请人：伊丽达

2004.1.10

生 词

1. 目前	(名)	mùqián	at present
2. 攻读	(动)	gōngdú	major in
3. 修	(动)	xiū	study
4. 导师	(名)	dǎoshī	tutor
5. 悉心	(形)	xīxīn	with utmost care
6. 钻研	(动)	zuānyán	study intensively
7. 涉及	(动)	shèjí	involved
8. 文献	(名)	wénxiàn	literature
9. 保存	(动)	bǎocún	conserve
10. 则	(连)	zé	then
11. 按	(介)	àn	according to
12. 规定	(名)	guīdìng	prescription
13. 特	(副)	tè	specially
14. 申请	(动)	shēnqǐng	apply
15. 奖学金	(名)	jiǎngxuéjīn	scholarship
16. 一次性		yícìxìng	onetime
17. 酌情		zhuóqíng	use one's discretion
18. 予以		yǔyǐ	give; grant

说　明

申请书是单位或个人对自己不能解决的问题,向上级或有关部门表达意愿,提出请求,以获得帮助和解决的一种专用书信。其一般格式为:

1. 标题:"申请"或"申请书"写在第一行中间。
2. 开头:先写称呼,即接受申请的单位或部门。
3. 正文:首先介绍自己的情况,然后说明申请的内容及原因。常用词语有"因……,故申请","我希望/打算……,特此申请"等。
4. 结尾:写一些请求批准的礼貌用语。如"恳请……酌情考虑","请予批准"等,最后是一般的"致、礼"。
5. 最后写上申请人的署名和日期。

小提示

比较句

比较句用于比较两个事物之间的差别,可分为"比字句"和不带"比"字的比较句。

几个常用副词的简单比较

1. 比字句(单句)

	A	比/不比/没（有）	B	形容词/动词	宾语/补语
①	他	比	弟弟	聪明	
	他	比	弟弟	聪明	一点儿
不能说:	他	比	弟弟	很聪明	
②	汉语	比	英语	难	
	汉语	比	英语	难	得多
不能说:	汉语	比	英语	非常难	

③	他	比	我	爱	睡觉
不能说：	他	睡觉	比	我	爱
④	她	比	我	唱	得好听
不能说：	她	唱	比	我	好听
⑤	今天	不比	昨天	暖和	
	今天	没	昨天	暖和	
不能说：	今天	比	昨天	不暖和	
⑥	姐姐	不比	妹妹	漂亮	
	姐姐	没有	妹妹	漂亮	
不能说：	姐姐	比	妹妹	不漂亮	

2. 不带"比"字的比较句

  1) **不如**　　意为"没有……好"

      这个不如那个质量好。　我不如他学习努力。

  2) **跟/与……相比,……更……**

      与城市相比,农村的自然环境比较好。

      与爸爸相比,妈妈更疼爱孩子。

请你改一改：

1. 飞机比火车非常快。	
2. 小张比小李睡得不晚。	
3. 他比我爱睡觉得多。	
4. 我考得这次没上次好。	
5. 跟以前,他老多了。	

练 习

1. 请把下面的偏旁连起来,在横线上写出这个字,然后用这个字组词。

采	占	_____	( )	( )
工	犬	_____	( )	( )
钅	攵	_____	( )	( )
酉	心	_____	( )	( )
氵	勺	_____	( )	( )
南	步	_____	( )	( )

2. 请用课文里的词语填空。

1) 我哥哥 2001 年至 2003 年在校经济系_____硕士_____。

2) 计划已经_____下来,就看什么时候行动了。

3) 我_____学习_____打工,自己赚学费。

4) _____老师的帮助_____,他顺利地完成了这项试验。

5) 变性艺人为了保护个人的生活,向法院_____更改户口及姓名。

6) 我希望去贵校学习一年,_____申请。

3. 请参考课文中的原句,模仿下面的格式写句子。

1) 原句:我是斯里兰卡留学生伊丽达,目前在校中文系攻读古代文学博士学位。

　　格式:我是……,目前……。

2) 原句:博士生可以有个人研究的专门时间,所以我希望能够回国,边查资料边写论文。特此申请离校半年。

　　格式:……可以……,所以我希望……,特此申请……。

3) 原句:另外,此期间的奖学金我也想在回国前一次性领出。

　　格式:另外……,我也想……。

4）原句：望你们能够酌情予以考虑。

格式：望……酌情……。

5）原句：到本学期末我的博士课程已基本修完,也已获得相应学分。

格式：到……,已……,……也已……。

6）原句：在导师的悉心指导和本人的刻苦钻研下,我的博士学位论文题目已经确定。

格式：在……下,……。

7）原句：我的论文涉及斯中两国的文学理论比较,其中有关我国的部分文献资料在中国的图书馆保存较少。

格式：……涉及……,其中……。

4. 请根据下面的情况,写一封申请书。

　　迈克在一家公司销售部工作,公司对外贸易部最近新开发了与中国的贸易往来,迈克大学时的专业是汉语言文学专业,所以他申请调到对外贸易部,发挥他的汉语特长。

5. 请你仿照课文,写一封申请书,可以是申请入学、申请宿舍……。(字数不少于 150 字)

这是别的同学写的文章,请对数字标注的地方进行修改,然后参考后面的答案。

入学申请书

尊敬的南京师范大学校长:

我是大卫·罗宾逊,我是一名法国人,年已 22 岁。是从巴黎大学毕业[1] 的教育学学士学位[2]。我很感兴趣对学前教育[3],特别想了解中国学前教育方面的研究比较[4]法国的差异。希望能够通过比较两个国家的学前教育,寻找各自国家在幼儿教育方面的优点和缺点。

早就听说[5]南京师范大学的[6]教育学专业在中国很有名,比很多国家的学校在世界上要好[7]。而且贵校有一大批学前教育方面的专家,特别是很多专家在中外教育比较方面很有著作[8],丰富成果[9]。因此,我申请到贵校学习学前教育专业的硕士学位[10]。

我向贵校提供本人的履历,希望您对本人的情况进行审查[11]。

此致

敬礼!

大卫·罗宾逊[12]

2004 年 6 月 3 日

第五课　小型调查报告

范　文

关于麦当劳的调查

1. 您平均一个月一般去麦当劳几次？
   A 不到 1 次　　　B 1 至 3 次　C 3 至 5 次　　　D 5 次以上

2. 您去麦当劳主要是因为：
   A 吃饭　　　　　B 休息　　　C 约会　　　　D 环境　　　F 其他

3. 麦当劳的口味适合您吗？
   A 适合　　　　　B 不适合，因为：＿＿＿＿＿＿＿＿＿

4. 您对价格的感觉怎么样？
   A 很贵，＿＿＿＿最好　　　　B 有点儿贵　　C 适中　　　D 便宜

5. 您对服务员的态度是不是很满意？
   A 非常满意　　　B 满意　　　C 还可以　　　D 不满意

6. 您希望麦当劳在哪些方面进一步改善？
   A 口味　　　　　B 服务　　　C 卫生　　　　D 价格

7. 您的年龄段：
   A 儿童　　　　　B 青少年　　C 中年　　　　D 老年

调查报告

从以上调查不难看出,麦当劳很受人们欢迎,特别是青少年,其中 60% 的人一个月至少去一次麦当劳，最多的甚至一个月去 5 次以上。70% 的人去那儿是因为环境好，还有 20% 的人去那儿是为了吃饭。至于麦当劳的价格,20% 的顾客觉得贵,60% 的人觉得还可以。调查还显示,人们对于服务员的态度,选择满意的占了 90%,可见麦当劳的服务还是很不错的。当然,麦当劳也有需要改善的地方,40% 的人觉得麦当劳的口味需要改善,另有 20% 的人希望麦当劳改善价格。由此看来,麦当劳在人们心中的形象不错。

生 词

1. 小型	(形)	xiǎoxíng	small-sized
2. 调查	(动、名)	diàochá	investigation
3. 报告	(名、动)	bàogào	report
4. 麦当劳	(专名)	Màidāngláo	McDonld's
5. 一般	(形、副)	yìbān	usually
6. 约会	(名)	yuēhuì	date
7. 适中	(形)	shìzhōng	medium
8. 态度	(名)	tàidù	attitude
9. 进一步	(形、副)	jìnyíbù	further
10. 改善	(动、名)	gǎishàn	improve; perfect
11. 甚至	(副)	shènzhì	even
12. 至于	(连)	zhìyú	as far as concerned
13. 显示	(动、名)	xiǎnshì	show; display
14. 可见		kějiàn	one can see that
15. 由此看来		yóu cǐ kànlái	therefor

说　明

1. 设计调查问卷的时候,注意问题中用不同的疑问方式。可以是特殊疑问句,如"您一个月一般去几次麦当劳?"也可以是一般疑问句,如"麦当劳的口味适合您吗?"还可以是是非问句,如"您对服务员的态度是不是很满意?"

2. 写小型调查报告时,有一些固定的格式,如"从以上调查结果不难看出";还有一些很实用的词汇,如"总的说来"等等。

3. 写报告时要以数字来说话,同时加入一些自己的总结和分析,还要注意各句之间的过渡。

小提示

某个时间和一段时间　某次和一些次

　　表示某个时间(什么时间)或某次(哪一次)时,时间词或动量词放在动词前,如"我每周都跳健美操""我上次跳健美操了"。

　　表示一段时间(多长时间)或一些次(多少次)时,有三种情况:

　　1. 如果动词后没带宾语,那么时间词或动量词直接放在动词后,如"我跳三十分钟""我看了三次"。

　　2. 如果动词后带宾语,此时如果宾语是:

　　　1) 代词或处所词,时间词或动量词一般放在宾语的后面,如"我等了他三十分钟""他去上海三天了""他去上海三次了"。

　　　2) 其他宾语时,时间词或动量词放在动词和宾语的中间,或者"动词+宾语+动词+时间词/动量词"的形式,如"他唱歌唱了三十分钟了""他跳舞跳了两次"。

请你改一改：

1. 您一周一般上网几次？	
2. 60%的人听音乐两个小时。	
3. 20%的人做运动晚上。	
4. 您去什么时候？	

练习

1. 请把下面的偏旁连起来，在横线上写出这个字，然后用这个字组词。

舟	舌	_____	（　）	（　）
辶	欠	_____	（　）	（　）
太	羊	_____	（　）	（　）
讠	心	_____	（　）	（　）
又	殳	_____	（　）	（　）
扌	周	_____	（　）	（　）

2. 请用课文里的字填空。

1）_____以上调查看出，进口手机很_____人们欢迎。

2）我每个月_____去电影院看一次电影，有时_____去三次以上。

3）会议先讨论_____工资的问题，_____福利的问题，下次再说。

4）_____90%的顾客选择了打折，_____打折对大家的吸引力。

5）大部分人周末_____都不工作，偶而也有拼命加班的。

6）总经理今天有很多_____，没有约好的人，谁也不能见。

3. 请参考课文中的原句，模仿下面的格式写句子。

1）原句：从以上调查结果不难看出，麦当劳很受人们欢迎。

格式：从以上调查结果不难看出，……。

2）原句：特别是青少年，其中 60% 的人一个月至少去一次麦当劳。

格式：特别是……，其中……至少……。

3）原句：70% 的人去那儿是因为环境好。

格式：……是因为……。

4）原句：至于麦当劳的价格，20% 的顾客觉得贵。

格式：至于……，……觉得……。

5）原句：选择满意的占了 90%，可见麦当劳的服务还是很不错的。

格式：选择……的占了……，可见……还是……的。

6）原句：由此看来，麦当劳在人们心中的形象不错。

格式：由此看来，……。

4. 根据图片和文字提示，在旁边的框里写一篇完整的调查报告，要有题目。

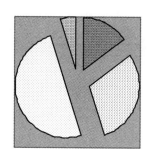

▨ 休息
▨ 旅游
▢ 购物
▨ 劳动

周末你做什么

显示

其中

百分之

选择

可见（由此看来）

5. 请你仿照课文,设计一份调查问卷,并写出相应的调查报告。(调查报告字数不少于 150 字)

　　这是别的同学写的文章,请对数字标注的地方进行修改,然后参考后面的答案。

关于图书馆的调查

1) 您一个周[1]一般去图书馆几次?
　　A 不到一次　　　　　　B 一次至三次
　　C 三次以上　　　　　　D 只去考试时[2]

2) 您去图书馆主要是因为:
　　A 学习　　　　　　　　B 上网
　　C 读书　　　　　　　　D 其他

3) 每一次您在图书馆平均多长时间?
　　A 半个时间[3]　　　　　B 一个时间
　　C 两个时间　　　　　　D 三个时间以上

4）您是不是很满意对图书馆的环境 4？

　　A 非常满意　　　　　　　B 满意

　　C 还可以　　　　　　　　D 不满意

5）您是几年级的学生？

　　A 一年级　　　　　　　　B 二年级

　　C 三年级　　　　　　　　D 四年级

调查报告

　　　　从以上调查结果不难看出，图书馆还是很受人们欢迎 5。特别是四年级的学生，其中 80% 的人一个周最少去一次图书馆，最多的甚至一个周去三次以上。60% 的人去那儿是因为上网，还有 20% 的人去那儿是为了读书还是 6 借书。关于 7 图书馆的环境，选择满意的占了 80%，可见图书馆的环境还是不错的。图书馆 8 也有要改善的地方，特别是储物箱，60% 的学生希望能图书馆增加 9 储物箱。

记叙文

第六课　我的爱好

范　文

我的爱好

　　每个人都有自己的爱好,我的爱好特别多,比如说打篮球、摄影、旅游什么的,我都非常喜欢。

　　我个子很高,所以我在高中的时候参加了学校的篮球队。每个星期三下午我都要去打篮球。我觉得打篮球不仅锻炼了我的身体,而且使我学会了跟别人配合,培养了我的集体精神。我们的篮球队曾获得市中学生篮球比赛第一名,我很怀念那段美好的时光。

　　至于摄影,是因为受了当摄影师的外祖父的影响。我在中国的时候拍了 600 多张相片。虽然我的技术还不太棒,但还算不错。我拍的照片常常在校报上发表。我觉得摄影是很有意思的事情,我喜欢用这种方法去记录我的生活。

　　我的另一个爱好是旅游。大学的时候,我把打工的钱都用来旅游了。我在中国的时候,一到放假就出去玩,现在除了西藏以外, 中国别的地方我都去过了。我还有更远的计划,要去美洲、欧洲,了解那里人们的生活。

　　这就是我的几个爱好,如果你也有这些爱好,欢迎来和我交流吧。

生词

1. 比如说		bǐrúshuō	for example
2. 摄影	(名、动)	shèyǐng	take a photograph; photography
3. 什么的		shénmede	and so on
4. 不仅……而且……		bùjǐn...érqiě...	not only... but also
5. 配合	(动)	pèihé	cooperate
6. 培养	(动)	péiyǎng	foster; train
7. 怀念	(动)	huáiniàn	miss
8. 影响	(动、名)	yǐngxiǎng	affect; influence
9. 棒	(形)	bàng	terrific
10. 发表	(动)	fābiǎo	publish; issue; vend
11. 记录	(介)	jìlù	take notes; notes
12. 西藏	(专名)	Xīzàng	Tibet
13. 了解	(动、名)	liǎojiě	know
14. 交流	(动、名)	jiāoliú	communicate

说 明

1. 每个人的爱好都有很多,所以不妨分开来说。先以一句话概括说一下自己的一些爱好,常用"比如说……什么的",然后可以分别记叙一下关于这些爱好产生的时间、原因、成绩、想法等等。

2. 介绍爱好是很简单的记叙文,只要能说清楚有什么爱好,围绕这些爱好谈谈就可以了,用不着过多地描述。

3. 此外,注意每一段之间的过渡以及每一段内句与句之间的过渡,适当地加一些连词是很有效的方式。

小提示

"是"和"是……的"

1. 常用"是"的情况

"是"前后联系两种事物,表明两者一样或者后者说明前者的种类、属性、原因等。如"电脑是我的朋友"、"我觉得摄影是很有意思的事情"、"摄影是因为受外祖父的影响"等等。

"是"有时加在句中谓语前,要重读,表示强调,意思是"的确"。如"他去了"——▶"他是去了",后一句"是"要重读,表示非常肯定。

一般形容词作谓语时前面不要加"是",如果加"是",一般句末加"的"。

2. "是……的"的几种情况

强调方式、原因、时间、地点等	他是昨天来的。
后跟形容词时表示强调属性	她是非常漂亮的。
表示前面主语的类别	他是当老师的。

请你改一改：

1. 这些家具是新买。	
2. 因为这个我的爱好。	
3. 它的作用改善环境。	
4. 这个主持人的声音温和。	

练习

1. 请把下面的偏旁连起来,在空格上写出这个字,然后用这个字组词。

酉	㐬	_____	(　)	(　)
口	羊	_____	(　)	(　)
忄	己	_____	(　)	(　)
角	向	_____	(　)	(　)
氵	不	_____	(　)	(　)
扌	聂	_____	(　)	(　)

2. 请用课文里的词填空。

1）有些习惯没什么好处,_____抽烟、喝酒、打牌_____。

2）我觉得散步不但_____了身体,_____调整了心情。

3）反正我交给你了,_____你吃不吃,我管不了。

4）____姐姐的_____我学了画画,现在虽然不是非常好,但_____。

5）用数码手机能随时_____下生活,随时与朋友_____。

6）我_____去欧洲留学,_____那里的风土人情。

3. 请参考课文中的原句,模仿下面的格式写句子。

1）原句：我的爱好特别多,比如说打篮球、摄影、旅游什么的。

　　格式：我的……特别多,比如说……什么的。

2）原句：我在高中的时候参加了学校的篮球队。

格式：我在……的时候……了……。

3）原句：我觉得打篮球不仅锻炼了我的身体,而且使我学会了跟别人配合。

格式：我觉得……不仅……,而且使我……。

4）原句：至于摄影,是因为受了当摄影师的外祖父的影响。

格式：至于……,是因为……。

5）原句：我觉得摄影是很有意思的事情。

格式：我觉得……是很……的事情。

6）原句：我一到放假就出去玩。

格式：我一……就……。

7）原句：现在除了西藏以外,中国别的地方我都去过了。

格式：除了……以外,……都……。

4. **崔孝永找工作时,公司想了解一下他的爱好。请根据图片和文字提示,帮他简单介绍一下吧。**

冬天、滑得好、获奖

专业、跟朋友交流、查资料

开拓知识面、丰富自己

5. 请你仿照课文,介绍一下自己的爱好。（字数不少于 150 字）

这是别的同学写的文章,请对数字标注的地方进行修改,然后参考后面的答案。

我的爱好

每个人都有自己的爱好,我的爱好特别多,其中特别喜欢爱好[1]是欣赏音乐、看电影、买东西。

我小时候喜欢[2]欣赏音乐。无论是古典音乐不是[3]流行音乐我都爱听。欣赏音乐的时候,我的心里就放松了,变得很平稳[4],这就是理由我喜欢音乐[5]。

看电影的时候,我会忘了我现在的生浩电影给[6]我新的生活,所以现在我一有空就在家看片子。

也买东西有[7]很多魅力,即使不买东西,一起朋友[8]也好。

除了这些爱好,我的爱好还有读书、骑车等等——[9]

这就是我的几个爱好,如果你也有这样的爱好,欢迎来和我交流吧。

第七课　辣椒的故事

范　文

辣椒的故事

俗话说,湖南人是"怕不辣"。没有辣椒就吃不下饭的我,刚到新西兰的那阵子,到城里几家超市转了又转,没有发现卖辣椒的,心里可急坏了。

往家里打电话,就说起了这件事。"民以食为天",吃不下饭,这可是件大事。家里人也没同我商量,就买了一公斤最辣的"朝天椒",晒干,弄成辣椒末,用快件给我寄来。这一寄不要紧,光邮费就是二百元人民币。

就在快接到家里邮来的辣椒时,我才知道这里有两家中国食品店,都有辣椒出售。这两家店里的辣椒既很中国化又很便宜,青椒是那种长条形的,肉厚、味纯。店家告诉我,这种辣椒是用一些中国朋友从国内带来的种子种出来的。

终于,我收到了家里寄来的辣椒末,可是,这昂贵的辣椒末,我大约只吃了一半,另一半因为起了霉只好扔掉。

第二年,我也学着大部分中国人的样子,在家门口的菜地里种起了辣椒,地地道道的中国辣椒,地地道道的湖南辣椒。每一顿饭,当我从家门口摘下那一串串辣椒的时候,我也摘回了一串串思念,一串串由辣椒连接起来的浓浓的乡愁……

（据《扬子晚报》文章改写）

生 词

1. 辣椒	(名)	làjiāo	hot/red pepper
2. 俗话	(名)	súhuà	common saying; proverb
3. 湖南	(专名)	Húnán	Hunan
4. 新西兰	(专名)	Xīnxīlán	New Zealand
5. 民以食为天		mín yǐ shí wéi tiān	Food plays an important role in the daily life
6. 末	(名)	mò	powder
7. 光	(副)	guāng	only
8. 中国化		zhōngguóhuà	in Chinese style
9. 纯	(形)	chún	pure
10. 种子	(名)	zhǒngzi	seed
11. 昂贵	(形)	ángguì	costly
12. 霉	(名、形)	méi	mildew
13. 地道	(形)	dìdao	pure
14. 摘	(动)	zhāi	pick up
15. 串	(量)	chuàn	a string of; bunch; cluster
16. 思念	(名)	sīniàn	miss
17. 连接	(动)	liánjiē	join; link
18. 浓	(形)	nóng	dense; thick
19. 乡愁	(名)	xiāngchóu	nostalgia; homesickness

说　明

1. 记叙除了要说清楚时间、地点、人物以外,还应该说清楚事情。那有什么办法把事情说清楚呢?那就得靠"线索"了,"线索"可以使一篇文章有中心,写起来更紧凑。

2. "线索"可以是一种东西,比如说这一篇文章中的"辣椒",作者先写没辣椒,接着写家人寄辣椒,后来发现了当地的辣椒,最后又种上了辣椒, 末尾用抒情的语言借辣椒表达了对于家乡的思念。当然"线索"也可以是人,也可以是感情,在写景的文章中也可以是你游览的线路。

小提示

动词、形容词、量词的重叠

1. 动词重叠

　　动词重叠常表示动作很随意、轻松,做起来不费事。其重叠方式有:

　　1) 单音节词为 AA,如"转转",中间可加"了"或"一",如"转了又转"。

　　2) 双音节词一般为 ABAB,如"休息休息"。

　　3) 双音节词有一种为离合词,如"散步",此时重叠为 AAB,如"散散步"。

2. 形容词重叠

　　形容词重叠表示程度加深,可以让语句更加生动、形象。注意,如果重叠了,那么这些形容词前面不能加程度副词,因为它本身就表示程度深。其重叠方式为:

1) 单音节词一般为 AA，如"浓浓"，修饰名词时加"的"，如"浓浓的乡愁"。

2) 单音节词有一些词较特殊，为 ABB，例如：气呼呼、红通通、绿油油、干巴巴、香喷喷、暖洋洋、亮晶晶等。

3) 双音节词一般为 AABB，如"地地道道"。

4) 双音节词，如果词里含有名词语素，则为 ABAB，如"雪白雪白"。

5) 双音节词用 AABB 和 ABAB 时不一样，如"他高高兴兴地走了"，此时表示他走时很高兴。"让他高兴高兴"，此时表示希望他能高兴起来。

3. 量词重叠

量词重叠有以下几种重叠方式：

1) 表示没有例外，如"我们天天都有考试"，可以换成"我们每天都有考试"。

2) 用于描写，常常说明事物多，如"一串串"辣椒。

请你改一改：

1. 小孩子的脸红通红通的。	
2. 我的妹妹有一双很大大的眼睛。	
3. 业余时间我喜欢跑步跑步。	
4. 湖水碧碧绿绿的。	
5. 她高高鼻子、黑黑头发。	
6. 社会一年年都有变化。	

练 习

1. 请把下面的偏旁连起来,在空格上写出这个字,然后用这个字组词。

辛　　印　　　＿＿＿＿＿　　（　）（　）

亲　　屯　　　＿＿＿＿＿　　（　）（　）

亻　　中　　　＿＿＿＿＿　　（　）（　）

纟　　束　　　＿＿＿＿＿　　（　）（　）

禾　　斤　　　＿＿＿＿＿　　（　）（　）

日　　匕　　　＿＿＿＿＿　　（　）（　）

2. 请用课文里的词填空。

1) ＿＿＿＿＿"在家靠父母,出门靠朋友"嘛。

2) 这个月你买的衣服太＿＿＿＿＿了。

3) 现在东方社会越来越西方＿＿＿＿＿,很多东西都不太＿＿＿＿＿了。

4) 这种咖啡味道很＿＿＿＿＿,＿＿＿＿＿是从巴西进口的吧。

5) 你＿＿＿＿＿学到了他书法的精神,而不只是他书法的＿＿＿＿＿。

6) 在外久了,对家乡＿＿＿＿＿的思念,慢慢地变成了＿＿＿＿＿。

3. 参考课文中的原句,请模仿下面的格式写句子。

1) 原句:俗话说,湖南人是"怕不辣"。

　　格式:俗话说,……。

2) 原句:刚到新西兰的那阵子,到城里几家超市转了又转。

　　格式:刚到……的那阵子,……。

3) 原句:这两家店里的辣椒既很中国化又很便宜。

　　格式:这……既……又……。

4) 原句：青椒是那种长条形的，肉厚、味纯。

　　格式：……是那种……的，……、……。

5) 原句：这种辣椒是用一些中国朋友从国内带来的种子种出来的。

　　格式：……是用……出来的。

6) 原句：当我从家门口摘下那一串串辣椒的时候，我也摘回了一串串思念。

　　格式：当我……的时候，我……。

4. 请为下面几句话排序，并为这段话写一个题目。

1) 拍的是我们班的集体照。

2) 我还有很多喜欢的照片。

3) 这些照片会让我想起北京的生活。

4) 明年我就要毕业了。

5) 我来北京后拍了很多照片。

6) 其中我最喜欢的一张是在故宫拍的。

7) 一天早上我打扫房间。

8) 发现了一些老照片。

9) 除了看照片以外我还喜欢拍照片。

10) 看照片是我的爱好。

5. 请你仿照课文，围绕一个线索写一篇记叙文。（文章字数不少于 300 字）

改一改

这是别的同学写的文章,请对数字标注的地方进行修改,然后参考后面的答案。

北京自行车

今天也¹上学的时候看到骑自行车上学的学生们。一看²自行车,就想起我在北京留学生活³来。

我去年在中国留学了一年。⁴其中北京六个月,哈尔滨五个月。在哈尔滨留学时,没有自行车不太难过。哈尔滨很冷,所以骑自行车很幸⁵苦。但是在北京没有自行车不方便。幸亏,一个姐姐给我⁶她的自行车。从那时候⁷我骑自行车。

在哈尔滨留学时整天跟韩国人一起玩儿,自然我的汉语水平没有进步。有一天我的同屋向我劝⁸一起去北京上学。北京有很有名的 HSK 补习班,对我来说得到 HSK7 级以上很重要。我们中文系,得到 7 级以上的成绩的话不必写论文。我苦恼⁹两个星期,究竟¹⁰决定了去北京。

在北京我努力学习。每天早上骑自行车去市场买蔬菜、鸡蛋什么的。吃完早饭后,立刻学习,然后下午骑自行车去补习班。那时候连吃饭时间也舍不得¹¹。

在北京骑自行车给我很好的感觉,那时候自行车对我很重要的东西¹²,但是有一天我被偷了自行车。¹³

回韩国以后我到现在都没骑自行车。我又¹⁴去北京的话,想骑自行车去市场买菜。

第八课　看自行车的老人

范　文

看自行车的老人

　　我们小区里管自行车的老奶奶,<u>年纪</u>总<u>有</u>六七十<u>岁了</u>。她<u>满头银发</u>,天天横挎着<u>个</u>包,<u>身穿</u>褪了色的蓝色工作<u>服</u>,<u>一次又一次地</u>向停车人收费。<u>每当</u>看到她这么做<u>时</u>,我<u>总是想</u>:哼,这么老,还来"扒分",真是爱钱如命!可是,<u>有一件事使我改变了</u>对她的<u>看法</u>。

　　<u>那是</u>今年暑假的<u>一天</u>,我到公园去玩,刚出小区,就下大雨了。我没带雨伞,只好到旁边的楼里去躲雨。刚冲到楼下,看见<u>一个人手里拿着</u>塑料雨布,可是,她<u>不是</u>往自己身上遮,<u>而是</u>遮到自行车上。我定睛<u>一看</u>,啊,那不是管自行车的老奶奶吗?她<u>顶着风雨</u>,<u>什么都</u>不顾,<u>竭尽全力</u>拿着遮雨布往车<u>上盖</u>。雨布盖了一块又一块。这时,老奶奶<u>全身上下都</u>湿透了,而她却不当一回事<u>似的</u>,只是<u>用手捋了一把</u>淋湿了的头发,<u>甩了一把雨水,微微地一笑</u>。

　　看着,看着,顿时<u>一股尊敬之情在我心中油然升起</u>,我<u>终于明白了</u>:老奶奶不是为了"扒分",而是为了发挥余热,为大家服务!<u>现在</u>,每当我碰到这个老奶奶,总是充满尊敬地叫一声:"奶奶好!"

生 词

1. 银	（形、名）	yín	silver
2. 挎	（动）	kuà	carry on arm, over shoulder, or at side
3. 褪色		tuì sè	faded
4. 哼	（叹）	heng	an interjection
5. 扒分		pá fēn	earn money
6. 冲	（动）	chōng	rush
7. 塑料	（名）	sùliào	plastic
8. 遮	（动）	zhē	cover
9. 定睛一看		dìngjīngyíkàn	look carefully
10. 顶	（动）	dǐng	carry on the head
11. 竭尽全力		jiéjìnquánlì	lay oneself out
12. 捋	（动）	lǚ	roll up one's sleeve
13. 股	（量）	gǔ	a kind of
14. 油然升起		yóuránshēngqǐ	can't help rising
15. 余热	（名）	yúrè	one's contributions after he/she retired

说　明

1. 描写人物时,主要从外貌、语言、行动、心理等几个方面,综合地描写。一般来说,在文章的开始会简单地介绍一下人物的外貌,两三句话即可。如:她满头银发。在文章中间,还可以穿插一些外貌的描写。

2. 语言要选取能突出人物个性的语言,注意"冒号""双引号"的使用。如果不完全是当时的话,可以不加双引号。语言不一定要书面语,照搬口语更生动。如:他看到我吃了一惊:"你,你,你……",说不出话来。

3. 行动最能形象地表现人物,因此选择合适的动词就很重要,但仅有动词还是不够的,还可以在动词前加上一些状语,这样更能生动表现人物的状态。

4. 文章的最后加一些抒情性的语句,文章会更有感情。

小提示

肖像描写的几个方面和常用词语

方面	常用词语
年龄	50多岁了、有70岁了、20出头、30左右
身高	中等个子、矮个子、高个子、有一米六多
身材	形容女性:苗条、亭亭玉立、小巧玲珑
	形容男性:身姿矫健、高大魁梧、身强力壮、精干
脸色	古铜色、黝黑、红润、苍白、灰暗
相貌	美、帅、出奇、平常、漂亮、丑、难看
皮肤	光滑、白嫩、白皙、粗糙、松弛、布满皱纹
眼睛	亮闪闪、水汪汪、黑黝黝、明亮、纯洁、清澈

方面	常用词语
头发	乌黑油亮、满头青丝、枯涩、乱蓬蓬、花白、白发苍苍、金色
穿着	朴素、干净、整洁、入时、时髦、破破烂烂、皱巴巴、落伍
精神	精神抖擞、活泼、开朗、乐观、坚强、文静、沉默寡言、无精打采、有主见

请你改一改：

1. 他的体重是五十三左右公斤。	
2. 她的手指那么细细的。	
3. 整齐的头发微微黑乌乌的。	
4. 其实他是很潇洒的乐观人。	
5. 她很有主观。	
6. 她看上去高大魁梧。	

练习

1. 请把下面的偏旁连起来,在空格上写出这个字,然后用这个字组词。

钅	殳	_____	( )	( )
口	中	_____	( )	( )
冫	青	_____	( )	( )
目	艮	_____	( )	( )
月	庶	_____	( )	( )
辶	亨	_____	( )	( )

2. 请用课文里的词填空。

1）虽然她有五十多岁了,但仍然_____头青丝,_____着个包跑来跑去,真有活力!

2）那人_____一件白色衬衫,手里_____着一本杂志,在亭子里_____雨。

3）大家_____着大太阳,什么都不_____,_____地抢修出事的大堤。

4）别人说她,她_____似的,_____了一下头发,_____地笑了笑,走了。

5）退休协会的人老来_____余热,为社区办了不少好事。

6）你全身_____都透着一_____铜臭味。

3. 请参考课文中的原句,模仿下面的格式写句子。

1）原句:她天天横挎着个包,身穿褪了色的蓝色工作服。
　　格式:……着,身穿……的……。

2）原句:每当看到她这么做时,我总是想:
　　格式:每当……时,我总是……。

3）原句:那是今年暑假的一天。
　　格式:那是……的一天。

4）原句:这雨布不是往自己身上遮,而是遮到自行车上。
　　格式:……不是……,而是……。

5）原句:我定睛一看,那不是管自行车的老奶奶吗?
　　格式:我定睛一看,那不是……吗?

6）原句:看着,看着,顿时一股尊敬之情在我心中油然升起。
　　格式:……着,……着,顿时一股……之情在我心中……。

4. 请参考下面的图片和文字提示,写几句描写人物的话,包括肖像和行为。

兴高采烈、
蓝色、紫色、
褐色、皮肤、
歌谱

辫子、
举哑铃、
流汗、
运动服

激动、
红色、白色、
托着腮、
小眼睛

年轻、年老、
镜子、眼镜、
毛背心、仔细、
慈爱、注视

5. 请你仿照课文,围绕一个线索写一篇记叙文。(文章字数不少于 300 字)

这是别的同学写的文章，请对数字标注的地方进行修改，然后参考后面的答案。

我的小妹

我的小妹是[1]今年才3岁了[2]。一般我这样说，别人一听就吃惊了，三年前我家有三个女儿，现在有四个。

韩国虽然开放了很久，但还是存在大男子主义。一般家[3]由长子举行家祭，所以对韩国人来说长子的位置很大[4]。我的父母三年前生了孩子，但是这次又生了女孩子。那时候我的父母太失望了。

我的小妹名字叫金志原，这个名字是由我亲自做[5]的，给人中间[6]的感觉。她的个子大概110左右厘米[7]，皮肤雪白。前几天卷了发，好像洋娃娃，真可爱。我觉得她很聪明，记忆力也非常好，连只去过一次的地方也能记得。

她很喜欢娃娃，她认为娃娃是她的小宝宝。每天向[8]娃娃说："小宝宝！"有的时候给娃娃唱催眠歌。她的这样子[9]让我笑起来。她还是贪心鬼，即使她不要的东西，别人要的话，那么她也就[10]要。吃饭的时候也是这样，我用勺子给她喂饭时，她经常说'不要'[11]，摇摇头，那时候我要是给三妹这个饭，那么她就要吃。

她很喜欢跳舞，看音乐节目的时候她站[12]兴高彩[13]烈地跳着。我真的爱她，希望她茁壮成长。

第九课　我们的校园

范　文

我们的校园

孩提时代的我就向往中国,在我的脑海中,中国是屹立于世界东方的一个历史悠久而又充满神秘色彩的国家。1999年我决定来中国留学,最终我选择了南京师范大学,因为它是一座名扬中外的花园式学校。

我们的校园风景很美丽,出入的大门一共有三个。正门在宁海路122号上,一进来真让人有世外桃源的感觉。首先进入你视线的是一大片草地。那里的人一般很多,特别是小孩和情侣,还常常可以看到放风筝的人。草地的东边、北边、西边都可以看到古式的建筑,每过几年它们都会被修缮。它们就是这漂亮学校的特点,每一个外国人都有它们的照片。西边的那幢建筑后面是这校园中我最喜欢的地方,也是南师大的点缀——水池,这里是我初次看见我丈夫的地方。很多旅行者到这儿来都是为了看一看大自然的奇妙,到处都是郁郁葱葱的树木。听说人一到了我们的校园就想在这儿从旭日东升一直呆到夕阳西下。南师大的校园无论什么季节都引人入胜,特别是这个时候好像最令人心醉。

在这里过的这段日子是我一生最大的财富。

生词

1. 孩提	(名)	háití	childhood
2. 向往	(动)	xiàngwǎng	yearn
3. 屹立	(动)	yìlì	stand towering (lit./fig.)
4. 悠久	(形)	yōujiǔ	age-old
5. 充满	(动)	chōngmǎn	be brimming/permeated with
6. 神秘	(形)	shénmì	mysterious; mystical
7. 式	(词尾)	shì	style
8. 世外桃源		shì wài táoyuán	the land of peach Blossoms
9. 视线	(名)	shìxiàn	line of vision
10. 情侣	(名)	qínglǚ	sweethearts
11. 修缮	(动)	xiūshàn	renovate; repair
12. 幢	(量)	zhuàng	a measure word for building
13. 点缀	(名)	diǎnzhuì	embellish; ornament; adorn
14. 奇妙	(形)	qímiào	marvelous
15. 郁郁葱葱		yùyùcōngcōng	green and luxuriant
16. 呆	(动)	dāi	stay
17. 引人入胜		yǐn rén rù shèng	absorbing
18. 心醉		xīnzuì	be charmed

说　明

1. 范文是一篇以景物描写为主的记叙文。文章先概括了校园的特点："花园式学校"，接着围绕这一特点，通过展现"古式建筑、花草树木、水池"等主要景物，突现了校园"花园式"的特征。

2. 在景物描写之后，还写出了人物的感受，表达了对校园美丽风景的喜爱之情。写景记叙文一般带有作者的主观情感，达到情景交融的效果。

小提示

景物描写的方法

1. 确定合适的写景顺序

可以按照时间或空间顺序，如从先到后，从前到后，从左到右等。也可以根据景物本身的特点，先整体后部分进行描写。

2. 抓住景物的特征

抓住景物的特征是描写景物的基本要求。注意选用能准确体现景物特点的动词、形容词，适当采用生动形象的比喻、拟人等修辞手法。

3. 写景抒情有机交融

写景写情不可分开，有景有情、情景交融的文章才是优美动人的文章。

练习

1. 请把下面的偏旁连起来,在横线上写出这个字,然后用这个字组词。

攵　　卒　　　_____　　（　　）（　　）

禾　　叕　　　_____　　（　　）（　　）

亻　　木　　　_____　　（　　）（　　）

口　　心　　　_____　　（　　）（　　）

酉　　必　　　_____　　（　　）（　　）

纟　　吕　　　_____　　（　　）（　　）

2. 请用课文里的词填空。

1）中国历史_____,文化丰富。

2）西藏是我_____的地方。

3）孩子学习很好,父母对他更是_____了希望。

4）他们俩是一对幸福的_____。

5）我家住在宁夏路 17 号 5_____,你来我家玩一定要多_____一会儿。

6）江南_____的美丽风景,真让人_____。

3. 请参考课文中的原句,模仿下面的格式写句子。

1）原句:在我的脑海中,中国是屹立于世界东方的一个历史悠久而又充满神秘色彩的国家。

　　格式:在我的脑海中,……是……。

2）原句:最终我选择了南京师范大学,因为它是一座扬名中外的花园式学校。

　　格式:我选择了……,因为……。

3）原句:一进来真让人有世外桃源的感觉。

　　格式:……让人有……的感觉。

4) 原句：首先进入你视线的是一大片草地。

  格式：首先进入你视线的是……。

5) 原句：草地的东边、北边、西边都可以看到古式的建筑。

  格式：……边能看到/是……。

6) 原句：西边的那幢建筑后面是这校园中我最喜欢的地方,也是南师大的

  点缀——水池。

  格式：……是……,也是……。

7) 原句：听说人一到了我们的校园就想在这儿从旭日东升一直呆到夕阳

  西下。

  格式：……从……动词+到……。

4. 下面列出了描写春、夏、秋、冬四个季节的一些有用的参考词语,请选择其

  中的一个季节并利用参考词语写一段话。

春：春暖花开　春光明媚　桃红柳绿
　　百花吐艳　鸟语花香

夏：烈日炎炎　热浪滚滚　满头大汗
　　挥汗如雨　绿树成荫　参天大树
　　河水清清　郁郁葱葱

秋：不冷不热　秋高气爽　秋雨连绵
　　金秋时节　收获的季节

冬：冰天雪地　寒风刺骨　百花凋零
　　冰雪世界　大雪纷飞

5. 写你游览过的一个旅游胜地,注意景物描写的方法。(字数不少于 200 字)

这是别的同学写的文章,请对数字标注的地方进行修改,然后参考后面的答案。

外婆的家

小时候我经常去外婆家,度假在农村[1]。爸爸、妈妈、弟弟和我一共四个人。

夏日炎炎,树上的叶子绿绿的。村里有个一条小溪水[2],里面的水很凉,也很干净。小时候我觉得这儿真大,真好玩儿的地方[3]。我抓住青蛙[4],追蝴蝶。有一次,我弟弟的拖鞋跟着流水去了[5],弟弟害怕爸妈不让他再去那个地方玩儿。可是,爸爸妈妈连一句话都没说了[6],只庆幸别的事没发生了[7]。

大雪纷飞的冬天这里也是个好玩儿的地方。几个孩子们[8]一起打雪仗。

长大以后我去那儿,我觉得变得太多,小溪没有那么干净,没有那么深,只是小小的一股流水,不能洗手,我小时候外婆的家怀念[9]。

第十课 记一次鼓号比赛

范 文

记一次鼓号比赛

去年我们学校参加了广州市鼓号仪仗队比赛，我作为指挥参加了这次比赛。

比赛那天，天还没亮，我们全队 80 多人一早来到学校，整装待发。大家的心情都很兴奋，也很紧张。曾经参加过这样的比赛的我，也忐忑不安。

来到了比赛的体育馆，刚坐下不久，比赛便开始了。一支，两支，三支……连续十多支队伍先后出场了。他们的表演很精彩，赢得了不少掌声。我们行吗？

到我们出场了，大家在表演场边排着队，仔细听着老师的嘱咐，再次整理身上的衣服和装备。来到场上，体育场四周千百双眼睛望着我们，千万要争气，我心里暗想。我一作手势，像平常一样，大家开始整齐地打着鼓、吹着号，走出了一个个图形，一个个花样。大家吹打得那么整齐，方位走得那么准确，图形走得那么漂亮。出乎我意料的是，平时经常错的地方，这次却一次失误也没有出现。

最后，我们学校出类拔萃，总分最高。站在领奖台上，我的心情久久都不能平静。望着观众席上那些高兴得不断欢呼呐喊的队友们，望着手里那面鲜红的代表最高荣誉的锦旗，我手里沉甸甸的，心里也沉甸甸的。一年多来，我们全队 80 多人和辅导员不怕风吹，不怕雨打，用辛勤的汗水换来了这份荣誉，这次比赛使我更深刻地懂得了团结就是力量。

生　词

1. 仪仗队	（名）	yízhàngduì	guard of honour
2. 指挥	（名）	zhǐhuī	command
3. 整装待发		zhěng zhuāng dài fā	ready and waiting
4. 忐忑不安		tǎntè bù'ān	uneasy; fidgety
5. 连续	（副）	liánxù	continuously
6. 掌声	（名）	zhǎngshēng	applause
7. 嘱咐	（动）	zhǔfù	enjoin
8. 装备	（名）	zhuāngbèi	equipment
9. 争气		zhēng qì	fight to excel
10. 花样	（名）	huāyàng	pattern; variety
11. 出乎意料		chūhū yìliào	unexpectedly
12. 失误	（名）	shīwù	mistake
13. 出类拔萃		chū lèi bá cuì	stand out from one's fellows
14. 呐喊	（动、名）	nàhǎn	shout; cry out
15. 荣誉	（名）	róngyù	honor
16. 锦旗	（名）	jǐnqí	brocade flag
17. 沉甸甸	（形）	chéndiāndiān	heavy
18. 辛勤	（形）	xīnqín	hardworking
19. 深刻	（形）	shēnkè	profound; deep-going
20. 团结	（动、形）	tuánjié	unite; rally; harmony

说 明

1. 范文是一次场面描写,场面描写首先要交待一下出现这个场面的时间、地点和出现的人物。然后可以写一下总体的场面,接着说到具体的人和事。最后再总结一下,加一些抒情性的想法或描写。

2. 场面描写集中了各种各样的描写方式,比如说心理描写,语言描写。但最重要的是在这个场面里, 各种人的行为和活动的集体描写。注意要有点有面,像本文既写到了我的心情和表现,也写到了全部同学的表演和周围观众的场面。还是建议你在动词前加上一些状语,使场面更生动。

小提示

记叙文中一些常用的修辞手法

1. 对比:如

"平时经常错的地方,这次却一次也没有出现过失误。"

2. 排比:如

"大家吹打得那么整齐,方位走得那么准确,图形走得那么漂亮。"

3. 夸张:如

"他已经饿得前胸贴后背了。"

4. 比喻:如

"他的思想像江河一样奔腾不息。"

请你试着用以下的修辞方法完成句子：

比喻	老师的关心像
夸张	我的作业多得
对比	中国队获胜了,队员们都兴高采烈的,对方的队员们
排比	公园里有的人散着步,

练 习

1. 请把下面的偏旁连起来,在横线上写出这个字,然后用这个字组词。

宀　　　手　　　＿＿＿＿＿　　（　　　）（　　　）

壮　　　力　　　＿＿＿＿＿　　（　　　）（　　　）

夂　　　女　　　＿＿＿＿＿　　（　　　）（　　　）

尚　　　衣　　　＿＿＿＿＿　　（　　　）（　　　）

菫(堇)　才　　　＿＿＿＿＿　　（　　　）（　　　）

囗　　　田　　　＿＿＿＿＿　　（　　　）（　　　）

2. 请用课文里的词填空。

1) 参加夏令营的同学都在学校门口集合,＿＿＿＿＿＿。

2) 第一次上台演讲,我的心里＿＿＿＿＿＿,但＿＿＿＿＿＿的是我的演讲很＿＿＿＿＿＿,
　　＿＿＿＿＿＿了不少掌声。

3) 他＿＿＿＿＿＿冲击了五次世界纪录,但都失败了,他的心里＿＿＿＿＿＿的。

4) 临行前,妈妈再三地＿＿＿＿＿＿我,一定要＿＿＿＿＿＿,拿到冠军。

5) 团结起来就是＿＿＿＿＿＿。

6) 她这辈子一直＿＿＿＿＿＿,获得了不少的＿＿＿＿＿＿,但有谁看到过背后她
　　＿＿＿＿＿＿的汗水呢?

3. 请参考课文中的原句,模仿下面的格式写句子。

    1) 原句：我作为指挥参加了这次比赛。

        格式：……作为……参加了……。

    2) 原句：大家的心情都很兴奋,也很紧张。

        格式：……都很……,也很……。

    3) 原句：刚坐下不久,比赛便开始了。

        格式：刚……不久,……便……了。

    4) 原句：一支,两支,三支……连续十多支队伍先后出场了。

        格式：一……,两……,三……连续……先后……。

    5) 原句：大家开始整齐地打着鼓、吹着号。

        格式：……地……着……、……着……。

    6) 原句：出乎我意料的是,平时经常错的地方,这次却一次失误也没有出现。

        格式：出乎我意料的是,平时……,这次却……。

    7) 原句：这次比赛使我更深刻地懂得了团结就是力量。

        格式：……使……更深刻地懂得了……就……。

4. 请根据下面这幅图,补充下面这段场面描写。

星期天我去学校的路上,看见_____。他们_____在一起,有的_____,有的_____,看上去_____。其中一个老人拿着_____,对面有个戴_____的女人正在跟他_____。我觉得很好奇,就_____。我问:"出什么事了?"他们看了看我,_____。

5. 请你仿照课文,描写一个场面。可以是描写比赛的,也可以是节日、游戏的,注意场面描写要有面,也要有点。(字数不少于 200 字)

改一改

　　这是别的同学写的文章,请对数字标注的地方进行修改,然后参考后面的答案。

雨中亲情

这几天这么天气异常¹,下着红色的暴雨,狼狼狈狈²地走在街上,竟然看³一幕幕把⁴人感动的场面……

雨很大地下⁵,母亲拿着伞遮挡着孩子,虽然孩子身上已穿了雨衣、胶鞋,但母亲又⁶不自觉地拿雨伞遮挡着孩子,自己身上被雨水湿⁷也不发现⁸。

穿了笔挺西装父亲⁹为了不让孩子踩进水¹⁰,挽起裤脚背着孩子过去,被¹¹后面快快开过去¹²的货车溅得全身泥水。

满头白发的奶奶,背起孙子的书包,还为孙子打着伞。

这些熟悉的形象¹³,我们童年时都曾经历。在人生路中¹⁴,父母亲向¹⁵我们遮挡了多少风雨,有时却¹⁶是背着我们走过!

说明文

第十一课　生活小窍门——巧揭照片

范　文

生活小窍门——巧揭照片

　　我常常<u>看到</u>一些同学爱<u>把</u>照片放在玻璃下,时间长了,照片粘在玻璃上,常常不能揭下来。<u>在这里我给大家介绍一个</u>揭照片的<u>好方法</u>。

　　<u>你要准备的材料很简单</u>:一条毛巾、一点热水、一个电吹风。你<u>先</u>找一条干净的毛巾,把毛巾在热水中轻轻涮一下,<u>然后</u>把毛巾拧干,但<u>不要太干</u>。<u>接着</u>,把毛巾放在照片<u>上</u>,<u>过一会儿</u>,<u>你就可以把</u>照片揭下来了。<u>但有的</u>照片粘得很牢,<u>这时你还可以用</u>电吹风对准照片吹热风,<u>注意</u>距离不要太近。<u>不一会儿</u>,<u>就可以</u>把照片完好地揭下来了。

　　生活中有很多小窍门,<u>只要</u>做个有心人,<u>就</u>一定能发现。

生　词

1. 窍门	(名)	qiàomén	key (to problem); knack
2. 巧	(形)	qiǎo	skillful; ingenious
3. 揭	(动)	jiē	expose; tear/take off
4. 玻璃	(名)	bōlí	glass
5. 粘	(动)	zhān	glue; stick; paste
6. 材料	(名)	cáiliào	material

7. 电吹风	（名）	diànchuīfēng	electric hair-blower
8. 涮	（动）	shuàn	rinse
9. 拧	（动）	níng	screw
10. 接着	（连）	jiēzhe	then
11. 牢	（形）	láo	firmly
12. 准	（形）	zhǔn	accurate; exact
13. 距离	（名）	jùlí	distance
14. 完好	（形）	wánhǎo	intact; whole
15. 有心人	（名）	yǒuxīnrén	person with high aspirations

说　明

1. 说明文必须对物体或做法进行详细说明，但开始可以先围绕你要说的事物，写一两句话表示原因或介绍背景，这样可以使文字更加生动。比如这篇说明文先介绍了为什么要写这个窍门。

2. 接着一般介绍一下材料，这时可以使用"："（冒号）。在介绍的过程中，注意用一些词来连接动作的每一步。比如：先、再、接着、然后、下一步、最后等等。

3. 动词最重要，动词前可以加一些形容词作状语，动词后可以加一些补语，这样可以既清楚又生动地介绍。

小提示

把字句

介词"把"及其宾语作状语的句子叫"把"字句。使用时请注意：

1. "把"字句一般表示对人或物实施动作后，人或物发生了某种变化，包括结果或移动。如果没有这样的结果或变化，那就不能用"把"字句。

2. "把"字句的基本结构形式为：主语+把+宾语+动词+其他成分。

3. 其他成分绝对不能少，这些其他成分常常是：

动量补语	把毛巾在热水中轻轻涮一下
结果补语	把毛巾拧干
介词短语	把毛巾放在照片上
趋向补语	把照片揭下来了

请你改一改：

1. 然后把这些材料开始做菜了。	
2. 把东西准备。	
3. 把面条拿出来从热水里。	
4. 把洗衣服。	
5. 把鸡选择的时候。	
6. 撒粉在水里。	

练习

1. 请把下面的偏旁连起来，在空格上写出这个字，然后用这个字组词。

米（米） 佳 　＿＿＿＿＿＿　 （　　　） （　　　）

扌 　万 　＿＿＿＿＿＿　 （　　　） （　　　）

羊（羊） 姜 　＿＿＿＿＿＿　 （　　　） （　　　）

氵 　目 　＿＿＿＿＿＿　 （　　　） （　　　）

工（工） 巨 　＿＿＿＿＿＿　 （　　　） （　　　）

足（𧿁） 斗 　＿＿＿＿＿＿　 （　　　） （　　　）

2. 请用课文里的词填空。

1) 墙上_____了一些广告,很_____,用什么办法才能_____下来呢?

2) 这件事只要找到了_____,_____很简单。

3) 把衣服在水里_____一下,然后把衣服拿出来_____干,_____不要太用力。

4) 先_____水烧开,然后把饺子_____进去,过_____,你就可以吃了。

5) 照相的时候,你要对_____人物,调整_____。

6) 你真是个_____,这么小的问题你也能_____。

3. 请参考课文中的原句,模仿下面的格式写句子。

1) 原句:在这里我给大家介绍一个揭照片的好方法。

  格式:在这里我给……介绍一个……的好方法。

2) 原句:你要准备的材料很简单:一条毛巾、一点热水、一个电吹风。

  格式:你要准备的材料很简单:……、……、……。

3) 原句:你先找一条干净的毛巾,把毛巾在热水中轻轻涮一下。

  格式:你先……,把……在……中……一下。

4) 原句:然后把毛巾拧干,但不要太干。

  格式:然后把……,不要太……。

5) 原句:但有的照片粘得很牢,这时你还可以用电吹风对准照片吹热风,注意距离不要太近。

  格式:但有的……很……,这时你还可以……,注意不要太………。

6) 原句:只要做个有心人,就一定能发现。

  格式:只要……,就一定……。

4. 请根据下面几幅图,为王经理写一个日程安排的说明。

8:00　　　　8:30　　　　9:00　　　　10:30

13:00　　　　14:00　　　　16:00　　　　18:00

王经理的日程安排

上午 8:00 先去公司,接几个客户的电话。

_____

_____

_____。

下午 _____

_____

_____

晚上六点坐飞机去巴黎出差。

5. 请你仿照课文,写个生活中的小窍门。(文章字数不少于 150 字)

这是别的同学写的文章,请对数字标注的地方进行修改,然后参考后面的答案。

浇花的小窍门

有的人说,养花得不容易 [1]。其实,只有 [2] 你喜欢养花,就可以用一些简单的方法养花得漂漂亮亮 [3] 的。现在我的窍门介绍一下 [4] 吧!

如果你喜欢喝茶,那你可以把 [5] 喝剩的茶浇花,这样一边 [6] 能保护 [7] 土里的水分,一边能增加植物 [8] 一些养料。

有时候牛奶过保质期了,倒了太可惜。其实,变质的牛奶又 [9] 可以浇花,还很好 [10] 花儿的生长呢。

凉开水浇花也能把 [11] 花木长得好,还能把花木早开花。

冬天的时候,花木也喜欢有点儿暖和 [12]。所以,这时温水浇花最好的 [13]。最好先把水在房间放 [14],等它跟房间的温度差不多时候再浇。

这是我一些的 [15] 小窍门,希望你养的花越来越很好 [16]。

第十二课 怎样做紫菜包饭

范 文

怎样做紫菜包饭

紫菜包饭是韩国代表食品之一，无论男女老少都喜欢吃。虽然紫菜包饭做法比较复杂，而且还需要各种配料，但跟朋友们一起做的话，就不会觉得不容易，反而觉得很有意思。

首先说一下需要的配料：紫菜、大米、黄瓜、鸡蛋、火腿、菠菜、酸萝卜、鲜鱼凉粉和各种调料——香油、酱油、盐、食用油等等。按照每个人的口味，除了基本的用料以外，还可以添加和替换别的菜。

配料准备好，就可以开始做了。先把火腿炒一炒，煎好鸡蛋，黄瓜抹上盐放一会儿，然后把它们都切成条儿。接着焯一下菠菜，鲜鱼凉粉浇上酱油炒一炒后也切成条儿。然后在正方形的紫菜上垫上米饭。不要多垫米饭，因为如果那样卷起来的话，紫菜可能会裂开。接着在米饭上一样样地整齐地放上各种用料。最后两只手把紫菜从一头慢慢卷起来成圆筒状。

临吃前为了开胃需要浇点香油。但不要多浇，否则会油腻。吃时把紫菜包饭横切成一些小块，大小正好适合一口吞下。

这样，好吃的紫菜包饭就做成了。如果和炒年糕一起吃的话，更别提多美了！

生 词

1. 紫菜包饭	（名）	zǐcàibāofàn	Rice rolled by laver (kimbam)
2. 配料	（名）	pèiliào	ingredient
3. 火腿	（名）	huǒtuǐ	Ham
4. 菠菜	（名）	bōcài	Spinach
5. 酸萝卜	（名）	suānluóbo	Sour radish
6. 鲜鱼凉粉	（名）	xiānyúliángfěn	a Korean ingredient
7. 调料	（名）	tiáoliào	seasoning
8. 酱油	（名）	jiàngyóu	soy
9. 食用油	（名）	shíyòngyóu	oil
10. 煎	（动）	jiān	fry
11. 抹	（动）	mǒ	put on
12. 焯	（动）	chāo	rinse in the hot water quickly
13. 垫	（动）	diàn	fill up; put sth. under sth. else
14. 裂	（动）	liè	split; crack
15. 圆筒状		yuántǒngzhuàng	in cylinder
16. 临	（动）	lín	face; overlook
17. 否则	（连）	fǒuzé	otherwise
18. 油腻	（形）	yóunì	greasy
19. 炒年糕	（名）	chǎoniángāo	Fried rice cake
20. 别提		biétí	don't mention; indescribably

说 明

1. 介绍怎么做某菜的说明文,先简要介绍一下这种菜,让文章内容活泼一点。然后可以介绍配料和作料,接着就可以开始介绍具体的做法。最后说一点活泼的话作为结束。

2. 介绍具体做法时,动作之间的连接很重要。上一课我们已经说过一些方法,此外,还可以通过"……后"来连接,如"几分钟后"。如果几个步骤比较紧密,那以","连接就行,中间不加连词或副词。

3. 动词最重要,动词前可以加一些形容词作状语,如"把紫菜从一头慢慢卷起来",动词后可以加一些补语,这样可以既清楚又生动地说明。当然,为了说明一些材料,名词前加一些形容词或数量词也可以使说明更清楚。

小提示

结果补语、趋向补语、动量或时量补语

在说明文中常用的一些补语是:结果补语、趋向补语、动量或时量补语。

1. 结果补语:动词+补语+(宾语)

好	配料准备好、煎好鸡蛋
上	黄瓜抹上盐、浇上酱油、垫上米饭、放上用料
成	把它们都切成条儿、卷起来成圆筒状、横切成一些小块
开	可能会裂开
(请补充)	

2. 趋向补语:动词+补语

动词+起+宾语+来

起来	因为如果那样卷起来的话、慢慢卷起来 孩子们唱起歌来,跳起舞来。
(请补充)	

3. 动量、时量补语：动词+补语+(宾语)

一下	首先说一下配料、接着焯一下菠菜
一会儿	黄瓜抹上盐放一会儿。
（请补充）	

请你填一填：

衣服用清水洗净后拧（　　）。	先请准备（　　）材料。
把适当的水煮（　　）。	把饺子皮慢慢地卷（　　）。
把黄瓜切（　　）块或者丝。	把所有的作料都混合（　　）。
放入作料，再煮（　　）。	先搅拌（　　），要不然粘在一起了。

练习

1. 请把下面的偏旁连起来,在空格上写出这个字,然后用这个字组词。

此　　糸　　_____　（　）（　）

鱼　　员　　_____　（　）（　）

扌　　土　　_____　（　）（　）

执　　羊　　_____　（　）（　）

口　　贰　　_____　（　）（　）

月　　末　　_____　（　）（　）

2. 请用课文里的词填空。

1) 泡菜可以_____各人的_____,添加各种配料。

2) _____肉片时先把肉片_____上一层蛋清,_____一会儿,这样_____,肉片很嫩。

3) 我不喜欢吃煮鸡蛋,我喜欢吃_____鸡蛋。

4) 把水果打成泥,_____往脸上抹,薄薄的一层_____。

5) 孩子生病了,妈妈为了让他_____,做了好多好菜,_____多好吃了。

6) 宿舍的东西_____摆放得真_____啊。

3. 请参考课文中的原句,模仿下面的格式写句子。

1) 原句:紫菜包饭是韩国代表食品之一,无论男女老少都喜欢吃。

格式:……是……代表……之一,无论男女老少都……。

2) 原句:跟朋友们一起做的话,就不会觉得不容易,反而觉得很有意思。

格式:……的话,就不会……,反而……。

3) 原句:首先说一下需要的配料:……和各种调料——……等等。

格式:首先说一下需要的……:……等等。

4) 原句:除了基本的用料以外,还可以添加和替换别的菜。

格式:除了……,还可以……。

5) 原句:不要多垫米饭,因为如果那样卷起来的话,紫菜可能会裂开。

格式:不要多……,因为如果那样……的话,……可能会……。

6) 原句:临吃前为了开胃需要浇点香油,但不要多浇,否则会油腻。

格式:临吃前为了……需要……,但不要多……,否则会……。

4. 下面是一道菜的说明,请你填空,你可以在文中和范文里找到答案。

如何制作美味沙拉蛋

____料:鸡蛋 4 个,马铃薯 2 个,胡萝卜 1 根,火腿 250 克,小黄瓜 2____。

____料:盐 1/2 小匙,沙拉酱适量。

____:

1、马铃薯、胡萝卜去皮后洗____、____成片,放在蒸锅里蒸熟取出,分别捣成泥＿＿＿。

2、小黄瓜抹上盐,烧水将小黄瓜＿＿＿一下就捞＿＿＿,凉了以后切片备用。

3、火腿切丁,鸡蛋和冷水一起煮＿＿＿后,小火再煮 10 分钟,取出来放冷水中浸泡＿＿＿,剥去外壳切片。

4、材料一起拌匀,放在盘上,排上切成＿＿＿的蛋,临用＿＿＿挤上沙拉酱。

5. 请你仿照课文,说明某一种菜的做法。(字数不少于 200 字)

改一改

这是别的同学写的文章,请对数字标注的地方进行修改,然后参考后面的答案。

水果沙拉

想吃又怕胖吗?别着急,让你可以尽享美味又减肥,那个[1]就是吃沙拉!不但沙拉[2]颜色鲜艳味道好,充足[3]了视觉和味觉的要求,而且热量比主食更低[4]。由于热量低,可以吃得很多,所以不会有饥饿感,真[5]减肥的好方法。

其实每个人会[6]做沙拉,但怎么才能做得好,那就听我介绍[7]著名的水果沙拉。

　　做沙拉以前,需要准备一些原料:苹果、梨、桔子、香蕉、生菜叶、色拉油沙司、鲜奶油、柠檬汁。

　　准备好就来做吧。首先,将都[8]苹果、梨、桔子和香蕉去皮去籽,切成薄片,盛器内放入[9]拌匀,生菜叶洗[10]。然后,在小盘里用生菜叶垫底,上面放拌好的水果片。再把鲜奶油、柠檬汁倒入色拉油沙司内拌匀,盖[11]在水果片上。

　　水果沙拉都[12]做好了,沙拉好吃又简单,今晚就试一下[13]。

第十三课　羡　　慕

范　文

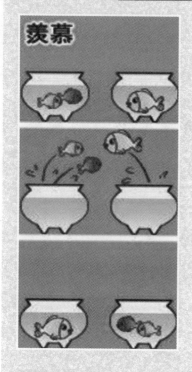

漫画《羡慕》由三幅画面组成。

第一幅画面上左右各放着一个盛满水的鱼缸，两个鱼缸里分别盛着一群鱼和一条鱼。左边鱼缸中的一群鱼呆呆地、羡慕地望着对面的鱼缸，它们似乎在想：那么宽阔的水域，却只有一条鱼，那条鱼可以自由自在地独享那一缸水。而右边鱼缸中的那条鱼也呆呆地、羡慕地望着对面的鱼缸，它大概也在想：看那么多鱼游在一个鱼缸里，多热闹啊，一点也不寂寞。

第二幅：仍然是这两个鱼缸，可里面的鱼却因羡慕对方的条件、环境，各自跳出了自己的鱼缸奔向对方的鱼缸。

第三幅：右边的一条鱼和左边的一群鱼已经跃入对方的鱼缸，环境如前，只是互换了一下位置。这次它们仍然困惑地羡慕着对方呢。

人也总是这样，常常只知道羡慕别人的生活，而看不到自己现在的快乐。

生词

1. 羡慕	（动）	xiànmù	ervy; admire
2. 漫画	（名）	mànhuà	cartoon
3. 画面	（名）	huàmiàn	tableau
4. 缸	（名）	gāng	jar; vat
5. 似乎	（副）	sìhū	it seems; as if
6. 宽阔	（形）	kuānkuò	broad; spacious
7. 水域	（名）	shuǐyù	water field
8. 自由自在		zìyóu zìzài	freely
9. 寂寞	（形）	jìmò	lonely
10. 各自	（代）	gèzì	each; respective
11. 奔	（动）	bèn	run
12. 跃	（动）	yuè	jump
13. 位置	（名）	wèizhi	position
14. 困惑	（形）	kùnhuò	puzzle

说明

1. 看图说明文说难也不难。难是因为你要根据这幅图来说明，不能太发挥自己的想像。不难是因为你只需要把你看到的和想到的写下来就行，不是空想。

2. 在说明画面时，可以加入一些作者的想像，但要有根据，并且根据画面的题目来想像。结束时加入一两句话的议论，则可为说明锦上添花。

3. 这类说明文的动词后常常用"着"，表示一种现在时态和静态。

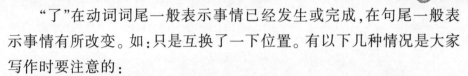

"了"的用法

"了"在动词词尾一般表示事情已经发生或完成,在句尾一般表示事情有所改变。如:只是互换了一下位置。有以下几种情况是大家写作时要注意的:

1. 如果连续两个动词,"了"在第一个动词的词尾,此时句子的时态并不一定是过去时,而是表示做完第一个动作接着就做第二个。如:各自跳出了自己的鱼缸奔向对方的鱼缸。

2. 如果强调一些地点、方式、时间等等,那一般用"是……的",而不用"了"。

3. 如果句中有一些副词或动词本身表示该动作常常发生,属于一般的情况,则不能用"了"。如:从小学到初中,我一直学书法。

4. "了"的否定式为"没……",此时句尾不加"了"。

请你改一改:

1. 听新闻说,黄酱可以预防得了癌。	
2. 我原来对做菜没感兴趣了。	
3. 这样,就做完。	
4. 我从来没见过他了。	
5. 其实我们在飞机上认识了。	
6. 上星期四我跟她的朋友去那儿。	
7. 从小到大我一直写了日记。	

练习

1. 请把下面的偏旁连起来,在横线上写出这个字,然后用这个字组词。

缶　　夭　　　＿＿＿＿＿＿　（　　）（　　）

亻　　以　　　＿＿＿＿＿＿　（　　）（　　）

门　　卉　　　＿＿＿＿＿＿　（　　）（　　）

土(土)　工　　＿＿＿＿＿＿　（　　）（　　）

大　　活　　　＿＿＿＿＿＿　（　　）（　　）

足(𧾷)　或　　＿＿＿＿＿＿　（　　）（　　）

2. 请用课文里的词填空。

1) 这几＿＿＿＿＿＿漫画看上去＿＿＿＿＿＿都不错,但专家一看就知道优劣。

2) 我有什么可＿＿＿＿＿＿的?我还希望像你那样,＿＿＿＿＿＿,没人约束呢。

3) 门两边＿＿＿＿＿＿画着一幅画,＿＿＿＿＿＿象征了夏和冬。

4) 他现在已经＿＿＿＿＿＿出了原来的生活,＿＿＿＿＿＿入了上流社会。

5) 跟别人相处时,不妨＿＿＿＿＿＿一下彼此的＿＿＿＿＿＿,多为对方考虑。

6) 多年后再回到故乡,一切＿＿＿＿＿＿,但人的心情已经改变。

3. 请参考课文中的原句,模仿下面的格式写句子。

1) 原句:漫画《羡慕》由三幅画面组成。

格式:……由……组成。

2) 原句:画面上左右各放着一个盛满水的鱼缸,两个鱼缸里分别盛着一群鱼和一条鱼。

格式:画面上……各……着……,分别……着……。

3) 原句:它们似乎在想:那么宽阔的水域,却只有一条鱼。

格式:……似乎在想:……。

4) 原句：看那么多鱼游在一个鱼缸里,多热闹啊,一点也不寂寞。

格式：看那么多……,多……啊,一点也不……。

5) 原句：仍然是这两个鱼缸,可里面的鱼却……奔向对方的鱼缸。

格式：仍然是这……,可……却……。

6) 原句：人也总是这样,常常只知道羡慕别人的生活,而看不到自己现在的快乐。

格式：人也总是这样,常常只知道……,而……不……。

4. 请参考下面的两幅图,把下面的一些话按顺序写在相应的图片旁。

电线上站着两只麻雀。

于是两只麻雀也吊在了电线下。

这样,两只麻雀和三只蝙蝠一起吊着了。

还有三只蝙蝠颠倒地吊在电线下。

麻雀们注视了蝙蝠们好一会儿。

但是麻雀们做出了跟蝙蝠一样的行动。

麻雀本来是不会颠倒地吊着的。

和麻雀一样,人们也常有这种从众心理。

因为蝙蝠的数量比它们多。

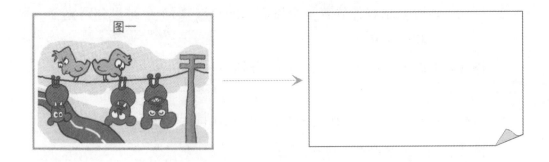

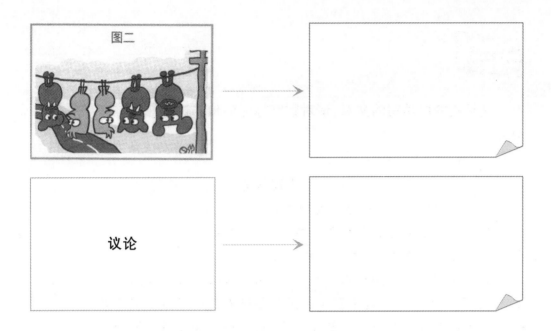

图二

议论

5. 请你仿照课文,给朋友或亲人写一封信。(字数不少于 150 字)

这是别的同学写的文章,请对数字标注的地方进行修改,然后参考后面的答案。

大海的心

漫画大海的心[1]由三幅画面组成。

第一幅画面上坐着两个孩子在海边[2]。望着海洋的孩子们打[3]一个赌。这赌是哪个更好画海洋[4]。孩子们看着海洋热心地画画儿。

第二幅中的画是两个孩子中一个[5]孩子画的。碧蓝的海洋上漂浮着一只小船,蓝天上有云彩。这个孩子的画儿是把美丽的海洋如实地画[6]。

第三幅中的画是另一个孩子画[7]。画上除了船以外,都[8]有海里的鱼、虾。这个孩子画的是海洋内的模样。画这幅画儿的孩子说:"我画了大海的心。"

我想将只[9]见到的画[10]的与用心画的很不同。用心画的也许更加多[11]。你想当画什么的人呢?

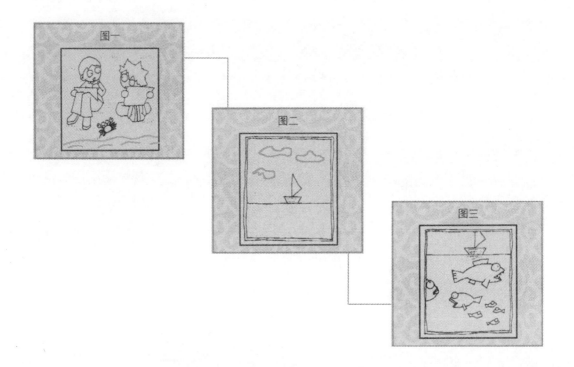

第十四课 韩国最重要的两大节日

范 文

韩国最重要的两大节日

韩国阳历和阴历都有,所以每年有很多节日。其中有很多传统节日,春节、中秋节是最重要的两大节日。

阴历一月一日,就是韩国传统上最盛大的节日——春节。春节意味着新的一年的开始,在远方的亲人都要回来,全家人聚集一堂,举行祭祖仪式。祭祀后,家庭中的晚辈向长辈拜年,然后大家一起享用丰盛的家宴。其中年糕是必不可少的食品,它有年长一岁的意思。孩子们很喜欢过春节,因为这一天可以拿到压岁钱。

阴历八月十五,是韩国仅次于春节的最大传统节日——中秋节。中秋节时,全家人也要团聚在一起,大清早用做好的食品向祖先祭祀,然后去扫墓。中秋节的食品中最有特色的是松片,其实就是一种用米粉做的圆形的甜点,有的还被做成了半月形。到了晚上,一家人坐在院子里,看这一年最圆的月亮,互相聊天。

这就是韩国最重要的两大传统节日,人们在这样的节日里,尽情感受着传统的人情。

生词

1. 阳历	（名）	yánglì	Solar calendar
2. 阴历	（名）	yīnlì	Lunar calendar
3. 盛大	（形）	shèngdà	magnificent
4. 意味	（动）	yìwèi	mean
5. 聚集一堂		jùjíyìtáng	all together
6. 仪式	（名）	yíshì	rite
7. 祭祀	（动、名）	jìsì	fete
8. 拜年		bài nián	pay a New Year call
9. 享用	（动）	xiǎngyòng	enjoy
10. 丰盛	（形）	fēngshèng	rich; sumptuous
11. 必不可少		bìbùkěshǎo	indispensable
12. 压岁钱	（名）	yāsuìqián	money given to children as a lunar New Year gift
13. 仅次于		jǐncìyú	only less than
14. 扫墓		sǎo mù	visit the grave
15. 松片	（名）	sōngpiàn	a traditioual Chinese dessert
16. 米粉	（名）	mǐfěn	rice flour
17. 尽情	（形）	jìnqíng	as much as one likes
18. 感受	（动、名）	gǎnshòu	feel, taste
19. 人情	（名）	rénqíng	human relationship

说　明

1. 节日类的说明文,首先要交待要说明的事物是什么,包括时间、地点、主要的物件等等。最后再提及一下说明的事物,首尾呼应。
2. 静态的说明文,不像动态说明文那样有很多动作性鲜明的词。介绍的内容也相对固定,像介绍节日,就不妨说说时间、历史、特色活动或食品。如果介绍地方,不妨说说这个地方的名胜古迹、交通、风俗等等。

小提示

"的"的用法和多项定语

1. 的、地、得

一般名词前有定语时,用"的",如"我的书";动词前有状语时,用"地",如"高兴地笑";动词后有形容词或动词补语时,用"得",如"笑得前仰后合"。

2. 什么时候不用"的"

一般来说，名词前面的定语是单位、国家等组织机构，不加"的",如:学校书店。名词本身是亲朋或组织,定语是代词,则不加"的",如:我朋友。名词前面的定语是单音节形容词,不加"的",如:红裙子。名词和前面的定语固定搭配,不加"的",如:环境保护。其他的时候,特别是动词短语、介词短语在名词前的时候,千万别忘了加"的",如:爸爸给我买的手表。

3. 多项定语的顺序：

表示范围、领有关系的名词或代词 ——→ 表示时间、地方的词语 ——→ 动词短语、介词短语 → 带"的"的形容词短语 → 不带"的"的形容词短语或名词

如：韩国 ——→ 最重要的 ——→ 两大 ——→ 节日
（范围）（有"的"形容词短语）（没"的"形容词定语）

韩国 ——→ 传统上 ——→ 最盛大的 ——→ 节日
（范围）　　（时间）　　（带"的"的形容词短语）

一种 ——→ 用米粉做的 ——→ 圆形的 ——→ 甜 ——→ 点
（代词）　（动词短语）（带"的"形容词）（不加"的"的形容词）

请你改一改：

1. 我一看到她的笑的脸心情就好起来了。	
2. 但是接触过同学都这样说。	
3. 你把我说的稀里糊涂。	
4. 做方法很简单。	
5. 这照片是我去双溪寺时拍摄。	
6. 大笑的那个坐在你身边的人我认识。	

练 习

1. 请把下面的偏旁连起来,在横线上写出这个字,然后用这个字组词。

成	工(工)	＿＿＿＿	（　）	（　）
取	圡	＿＿＿＿	（　）	（　）
弋	皿	＿＿＿＿	（　）	（　）
礻	乑	＿＿＿＿	（　）	（　）
咸	巳	＿＿＿＿	（　）	（　）
厂	心	＿＿＿＿	（　）	（　）

2. 请用课文里的词填空。

1) 汉城将_____传统的祭祖_____,听说场面会非常_____。

2) 出国留学_____着与亲人的分离。

3) 毕业生们_____,_____畅谈,_____同学之间的友情。

4) 每个星期天去爬山,是我在韩国时_____的运动。

5) 这家公司的业绩_____那家,他们是韩国最重要的两_____公司。

6) 今天的菜很_____,可惜我身体不太好,无福_____。

3. 请参考课文中的原句,模仿下面的格式写句子。

1) 原句:其中有很多传统节日,春节、中秋节是最重要的两大节日。

　　格式:其中有很多……,……是最重要的……大……。

2) 原句:春节意味着新的一年的开始。

　　格式:……意味着……。

3) 原句:年糕是必不可少的食品,它有年长一岁的意思。

　　格式:……是必不可少的……,它有……的意思。

4) 原句:阴历八月十五,是韩国仅次于春节的最大传统节日。

　　格式:……,是仅次于……的……。

5) 原句:中秋节的食品中最有特色的是松片,其实就是一种用米粉
　　　　　的圆形的甜点。

　　格式:……的……中最有特色的是……,其实就是一种……。

6) 原句:人们在这样的节日里,尽情感受着传统的人情。

　　格式:人们在……里,尽情感受着……。

4. 请把下面的词语组成正确的句子,并连成文章写在下边的框里。

地名: 济州

位置: 西部的、朝鲜半岛、位于、南海上

组成: 组成、济州岛、小岛、最大的、由、和、其他

别名: 称为、和平之岛、被

原因: 举行过、会谈、多次、因为、在这里、韩日和韩美间的

特色: 自然景色、传统文化、神秘的、美丽的、具有、和

济 州

5. 请你仿照课文,介绍一下你们国家的某个节日或某个地方。(字数不少于 150 字)

这是别的同学写的文章,请对数字标注的地方进行修改,然后参考后面的答案。

我的故乡庆州

我的故乡在庆州,属于[1]韩国的庆尚北道,有30万多[2]人。那儿从[3]汉城约400公里,如果坐汽车,要4个多小时。

庆州不大,但是却历史[4]很长,已经有900多年的历史了,是韩国最传统的地方中之一[5],还有两处世界文化遗产。一个是佛国寺,在庆州的东南部,是韩国寺院的代表。别的[6]一个是石窟庵。这两个地方中间[7]很近。庆州还有一处地方,集中了瞻星台、大陵园、雁鸭池等古代的东西[8],很多人都去参观。还那儿有[9]国立庆州博物馆,你可以看到很多新罗时的东西[10]。

如果你想亨[11]受一下现代生活,那你可以去普门新区的庆州的世界[12]好好玩一玩。

庆州交通很方便,在庆州汽车站的对面,有10号[13]和11号旅游车,这二[14]路车只有名的景点停[15],你可以在景点附近坐车,达到[16]下一个景点,很方便。

第十五课　《致加西亚的信》

—— 一本关于忠诚的书

范 文

《致加西亚的信》
——一本关于忠诚的书

　　《致加西亚的信》是一本关于敬业、忠诚、勤奋的管理类书籍。它的作者是美国作家阿尔伯特·哈伯德。《致加西亚的信》最早于1899年发表在一本杂志上，随后就出版了单行本。一百多年过去了，这本书的销售量一直名列世界最畅销书前十名。

　　这本书的故事非常简单：美国总统把一封信托付给陆军中尉罗文，让他把信交给一位古巴将军加西亚。经过罗文的不懈努力，这封信终于被送到了加西亚的手中。在这本书中，"送信"不再是一个简单的动作，而是变成了一种忠于职守的象征。当今社会跳槽风行，忠诚、敬业的观念被很多人抛在脑后。然而，这本书提醒了我们：只有值得信赖的人才会真正被委以重任。

　　当然，对于一名职员来说，忠于职守固然重要，更重要的还要知道如何完成自己的工作任务。在书中虽然并没有详细写出罗文经历的种种恶劣环境和千辛万苦，但我们可以想象，如果没有智慧和勇敢，是不可能到达胜利的彼岸的。

在过去的80年中,这本书被翻译成多种文字。许多政府、军队和企业都将此书赠送给士兵和职员,作为培养士兵、职员敬业守则的必读书。美国总统布什在任州长时,曾在这本书里签名,并把它赠送给所有的部属。许多跨国公司也要求自己的员工人手一册《致加西亚的信》。

生 词

1. 致	(动)	zhì	deliver
2. 加西亚	(专名)	Jiāxīyà	Garcia
3. 阿尔伯特·哈伯德	(专名)	A'ěrbótè Hābódé	Albert Harbede
4. 随后		suíhòu	later
5. 单行本	(名)	dānxíngběn	separate edition
6. 畅销	(形)	chàngxiāo	sell well
7. 托付	(动)	tuōfù	recommend
8. 中尉	(名)	zhōngwèi	first lieutenant
9. 古巴	(专名)	Gǔbā	Cuba
10. 不懈		búxiè	be untiring
11. 跳槽		tiào cáo	change jobs
12. 风行	(形)	fēngxíng	be popular
13. 信赖	(动)	xìnlài	trust
14. 委	(动)	wěi	entrust
15. 千辛万苦		qiān xīn wàn kǔ	innumerable hardships
16. 布什	(专名)	Bùshí	Bush
17. 任	(动)	rèn	appoint to a position
18. 州长	(名)	zhōuzhǎng	Chief Executive

19. 签名		qiān míng	sign one's name
20. 部属	（名）	bùshǔ	troops under one's command
21. 人手		rénshǒu	manpower; hand

说 明

1. 范文是一篇书评,介绍了一本好书。采用了说明、记叙和议论相结合的写作手法。介绍这本书的写作背景,出版销售情况及其地位等,用说明性的文字;介绍书的大概内容,用记叙性的文字;另外,加入作者的看法和感情等,则属于议论性的文字。
2. 介绍一部电影、一出戏剧、一件艺术品等,都可以采用类似范文的写作方法。

小提示

"被"字句

介词"被"及其宾语作状语的句子叫"被"字句,使用时请注意:

1. "被"字句中,"被"字的宾语对句子的主语实施动作,句子的主语产生某种变化,包括结果或移动。与"把"字句的意义相反。
2. "被"字句的基本结构形式为:主语+被(叫/让)+宾语+动词+其他成分。这些其他成分常常是:
3. 不需要强调施事者时,"被"字的宾语可以省略。如:

    如:1) 他被撞伤了。　　　　2) 你被骗了。

动量补语	被爸爸打了一顿
结果补语	让他摔坏了
介语短语	被送到医院
带"得"短语	被淋得像落汤鸡似的
趋向补语	让风吹下来了

4. 口语中,一般用介词"让""叫""给"来替代"被",但用"让""叫"时,
   后边的宾语不能省略。如:

可以说	我的车叫哥哥开走了。	CD 机让妹妹弄坏了。
不可以说	我的车叫开走了。	CD 机让弄坏了。

请你改一改:

1. 我的生日被男朋友忘了。	
2. 我的手刀碰破了。	
3. 朋友的箱子被服务员拿错。	
4. 他让老师批评。	
5. 衣服叫淋湿了。	
6. 他派到中国被公司。	

练 习

1. 请把下面的偏旁连起来,在空格上写出这个字,然后用这个字组词。

至(至) 心 ＿＿＿＿＿ ( ) ( )

中 负 ＿＿＿＿＿ ( ) ( )

忄 攵 ＿＿＿＿＿ ( ) ( )

木(木) 昜 ＿＿＿＿＿ ( ) ( )

束(束) 曹 ＿＿＿＿＿ ( ) ( )

申 解 ＿＿＿＿＿ ( ) ( )

2. **请用课文里的词填空。**

1）他送给我的礼物是一本今年最_____的童话书。

2）将军把女儿_____给你,你一定要好好照顾啊。

3）现在有个时髦的词叫_____,就是换工作的意思。

4）这是一首_____全世界的歌曲,你居然不知道。

5）只有消费者_____的公司和产品,才是成功的。

3. **请参考课文中的原句,模仿下面的格式写句子。**

1）原句:《致加西亚的信》是一本关于敬业、忠诚、勤奋的管理类书籍。

　　格式:——是一(本)关于……。

2）原句:《致加西亚的信》最早于1899年发表在一本杂志上,随后就出版了单行本。

　　格式:——最早……发表……,随后……。

3）原句:这本书的销售量一直名列世界最畅销书前十名。

　　格式:这(本书)的销售量……。

4）原句:然而,这本书提醒了我们:只有值得信赖的人才会真正被委以重任。

　　格式:……这本书(这部电影)……我们……。

5）原句:对于一名职员来说,忠于职守固然重要,更重要的还要知道如何完成自己的工作任务。

　　格式:对于……来说,……固然重要,更重要的还……。

6）原句:这本书被翻译成世界多种文字。

　　格式:……被……。

4. 请参考下面的提示,写一段介绍电影《漂亮妈妈》的说明性文字。

导演：孙周

主演：巩俐 高欣

发行：华亿亚联影视

2000年出品

获加拿大蒙特利尔国际电影节最佳女主角奖；

获第 20 届美国夏威夷国际电影节优秀电影奖；

参展第 50 届柏林国际电影节；

参赛奥斯卡"最佳外语片奖"。

5. 请你仿照课文,写一篇简单的观后感。(字数不少于 150 字)

这是别的同学写的文章,请对数字标注的地方进行修改,然后参考后面的答案。

《长袜子皮皮》
—— 一本优秀的童话书

《长袜子皮皮》是瑞典女作家阿·林格伦的代表作之一,这部作品在瑞典文学史上有着高地位[1]。很多研究瑞典文学的专家说[2],如果要研究瑞典文学,就必须阅读这部童话作品。

长袜子皮皮是一个奇怪又有趣的小姑娘,她自己一人[3]居住在瑞典某个小镇的一个老果园里,常常穿一副[4]很长的袜子,陪[5]她的是一只名叫纳尔逊的猴子。她看上去脸上全部[6]雀斑,头发红色[7],嘴巴很大。但她有超人的力气,连强盗、鲨鱼都让打败[8]。皮皮的爱好是做恶作剧[9]。她十分善良,对人热情、大方,做了很多好事。

这部童话描写了皮皮的各种恶作剧,反对的人认为,这会给孩子们造成[10]坏的影响。但事实真的是这样的么?儿童被[11]成年人限制,他们的想像世界也往往成年人忽视[12]。他们渴望自立,渴望被理解。《长袜子皮皮》的风行,说明了[13]儿童的力量与快乐,梦想与渴望,所以它会受到全世界小朋友的喜爱。

　　这本书本来是 1944 年作者为她的女儿写的，送给女儿 10 岁生日当作礼物 [14]。1945 年出版后获得很大成功，是瑞典一直 [15] 儿童书籍中最畅销的作品。目前该书已被译成 30 多种文字，总发行量超过 1000 万册。

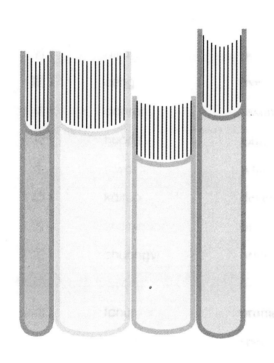

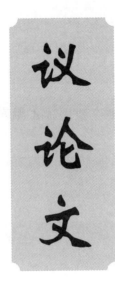

议论文

我闻年 22 岁，今年 7 月将从汉城大学艺术学院广告设计专业毕业。

我闻年……，生于……，今年……将从……毕业。

大学期间，我曾担任过学生会宣传部长一职。

……期间……

我参加……

我参加……活……

目前……

目前，……

如能被贵……的特长

如能被贵……录用，相信……

随信附上……份，……是两份期证书复印件

随信附……

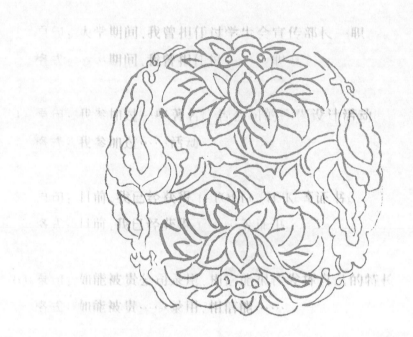

请根据下面的招聘启事，写一封求职信。

招聘启事

……本科，大学历，形象……所得……

……男女性都……，年龄在 22 岁至 30 岁……

……

……

5 请你仿照课文 写一封感谢信

第十六课　观《甜蜜蜜》有感

范文

观《甜蜜蜜》有感

　　我从小时候起就喜欢看香港的电影，其中还留在记忆里、印象最深的一部电影就是《甜蜜蜜》。

　　《甜蜜蜜》是一部真正的爱情片，两个主人公的关系从利用开始，李翘对李小军甚至还有小小的盘剥，可是他们在长长的十年里，一直相爱。

　　《甜蜜蜜》中的这一对恋人相遇、相爱、相离、再见的过程感动了我，这部电影告诉我们，爱情是可以超越一切的！它可以超越贫困，超越男人的胆怯，超越女人的世俗算计。

　　看我们的周围，现在很多青年人随便爱、随便分手，为爱斤斤计较。我想两位主人公这样的爱情观正是今天所需要的。

生词

1.《甜蜜蜜》	（专名）	Tiánmìmì	a film's name
2. 记忆	（名）	jìyì	memory
3. 主人公	（名）	zhǔréngōng	hero or heroine
4. 利用	（动）	lìyòng	make use of
5. 李翘	（专名）	Lǐ Qiáo	a person's name

6. 李小军	（专名）	Lǐ Xiǎojūn	a person's name
7. 盘剥	（动）	pánbō	exploit
8. 相遇	（动）	xiāngyù	meet
9. 过程	（名）	guòchéng	process
10. 超越	（动）	chāoyuè	exceed
11. 贫困	（名、形）	pínkùn	poverty
12. 胆怯	（名、形）	dǎnqiè	timid, timidity
13. 世俗	（名、形）	shìsú	secular; common custo
14. 算计	（名、动）	suànji	reckon
15. 斤斤计较		jīnjīn jìjiào	be calculating

说 明

　　本文是一篇侧重感想的观后感,属于议论文的一种,但是其中比较简单的一种。"感"类的议论文一般来说:

　　1. 先介绍一下看或读的是什么作品。

　　2. 然后介绍一下作品大概的内容。注意不要说得太长,不要用太多描写性的词,只要讲清楚时间、地点、人物、大概的过程就行了。

　　3. 接着从某一个方面谈谈想法。比如说同样看《甜蜜蜜》,有人从艺术的角度,有人从演员的角度,本文就是从思想的角度来谈的。

　　4. 最后可以从作品联系到自己生活中的现象,用点睛之笔议论一下,加深思想的深度。

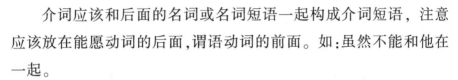

关于介词

1. 介词的位置

　　介词应该和后面的名词或名词短语一起构成介词短语，注意应该放在能愿动词的后面，谓语动词的前面。如：虽然不能和他在一起。

2. "在"

　1）一般来说"在"和后面表示时间、地点的名词构成介词短语，放在动词前作状语。如：他们在长长的十年里，深深地爱。

　2）但如果作主语，则不要加"在"。如：家里有一些米。

　3）"在"构成的介词短语放动词后面时，一般表示通过动作，某个物体停在什么地方了。如：其中还留在记忆里的就是《甜蜜蜜》。

请你改一改：

1. 但是它是对我来说很好的朋友。	
2. 我们吃午饭后散步校园。	
3. 最近在马山遭到台风袭击。	
4. 您一起去谁？	
5. 我跟她的意见完全同意。	
6. 我要介绍对他的一件事情。	
7. 一边运动一边说话和朋友。	

练习

1. 请把下面的偏旁连起来,在横线上写出这个字,然后用这个字组词。

舌　　戊　　_____ （　）（　）

宓　　禺　　_____ （　）（　）

辶　　呈　　_____ （　）（　）

禾(禾)　甘　　_____ （　）（　）

走　　虫　　_____ （　）（　）

分　　贝　　_____ （　）（　）

2. 请用课文里的词填空。

1) 这本书留给我的_____最深,至今还在_____里保存着。

2) 我想_____的友情不是互相_____,而是互相关心。

3) 父母永远不会和子女_____,他们的爱是_____一切的爱!

4) 这_____夫妻的生活现在很_____,总是会_____柴米油盐_____。

5) 每个人世界_____的形成,都是一个漫长的_____。

6) 只有克服自身的_____,才能勇敢地面对_____的观念,走自己的路。

3. 请参考课文中的原句,模仿下面的格式写句子。

1) 原句:我从小时候起就喜欢看香港的电影。

　　格式:我从……起就……。

2) 原句:其中还留在记忆里、印象最深的一部电影就是《甜蜜蜜》。

　　格式:其中还留在……里的一……就是……。

3) 原句:两个主人公的关系从利用开始。

　　格式:……从……开始。

4) 原句：《甜蜜蜜》中的这一对恋人……的过程感动了我。

　　格式：……中的这……的……感动了我。

5) 原句：这部电影告诉我们，爱情是可以超越一切的！

　　格式：……告诉我们，……是……的！

6) 原句：我想两位主人公这样的爱情观正是今天所需要的。

　　格式：我想……这样的……观正是今天所……的。

4. 观(或读)后感在介绍内容时,不要太详细,请你把下面这段文字缩写一下。

　　从前,在一个遥远的地方,住着四个小家伙。为了填饱肚子和享受乐趣,他们每天在不远处的一座奇妙的迷宫里跑来跑去,在那里寻找一种叫做"奶酪"的黄橙橙、香喷喷的食物。有两个小家伙是老鼠,一个叫"嗅嗅",另一个叫"匆匆"。另外两个家伙则是小矮人,和老鼠一般大小,但和人一个模样,而且他们的行为也和我们今天的人类差不多,他俩的名字,一个叫"哼哼",另一个叫"唧唧"。他们成天在迷宫里跑来跑去,一天,他们找到了自己想要的奶酪。

缩写：

5. 请你仿照课文,写一篇简单的观后感。(字数不少于 150 字)

这是别的同学写的文章,请对数字标注的地方进行修改,然后参考后面的答案。

观梵高的画有感

梵高是荷兰画家,别人叫作[1]"红头发的疯子"。他把自己的耳朵割断后,在精神病院里用枪结束[2]37 岁的一生。

他的画,沾染着很厚的质感,还有使人头晕的天空。他的画里有自己观望的世界,把[3]感情完全转移到画中,真是有让人发疯程度[4]的美。

画家有另以外[5]的感情世界,这是凡人没有的。有的呢,把没有什么特别的看作世界的全部;有的把[6]一辈子埋头于一个,所以一直在自己的世界里越来越疯。

我在一年级的时候,参加了话剧队。我们所[7]参加的同学都不太熟悉汉语,因此为了背[8],开夜车是常有的事。我特别喜欢开夜车的日子,各自都埋头于自己担任的人物[9],从午夜开始一个一个都显示[10]不正常的状态——有的唱

歌用奇怪的声音 ¹¹,有的噌地跳起来……如果别人看到这种场面的话,可能把我们当成疯子,可是所有的这 ¹² 行为都是为了话剧 ¹³ 的自己。

我常常怀念那个 ¹⁴ 投入的时光,就像我喜欢梵高画里 ¹⁵ 投入一样。

第十七课　保持平衡——从《鹿和狼》一文所想到的

范文

文章背景：

在美国涅利英自然保护区，为了保护鹿，人们灭了狼。十几年过去后鹿增长到了 40000 只，但鹿体质下降，体态蠢笨。它们吃很多植物，造成植物凋零。人们看到了问题的严重性，把狼再请回到自然保护区。鹿见到狼后四处逃奔，自然保护区恢复了当年的生机。

保持平衡
——从《鹿和狼》一文所想到的

尊重客观规律，是一条人人都要遵守的法则。这个涅利英自然保护区狼和鹿的故事，明确告诉了我们这样一个道理：保持平衡，是我们所有人都必须注意的一个问题。

生态平衡必须加以保护。涅利英自然保护区的狼和鹿的故事体现了这一点。人们为了保护鹿，反而给鹿带来了灭顶之灾。殊不知，从某种意义上讲，狼是鹿生存的一个条件，一个不可缺少的条件！

其实，不仅生态平衡需要这样，在其他方面也是这个道理。

在生活上，有许多这样的例子。"书虫"拼命看书，因而获得了常人所没有的知识，但却给眼睛造成了过重的负担，得了近视眼。做事屡遭挫折，这本不是好事，却让事件的主人公具有了别人得不到的经验和教训……平衡，在任何生活小事中，只要我们认真分析，都是可以找到的。

　　有那样一句话，叫做"欲速则不达"。何为"欲速则不达"？其实就是在告诉我们，干什么事，你越着急，往往越不能达到预期目的。所以说，我们无论在生活中，还是在工作中，都应该尊重客观的平衡规律。只有这样，我们的生活和工作才能获得满意的结果。

生　词

1. 背景	（名）	bèijǐng	background
2. 涅利英	（专名）	Niè lìyīng	a name of a nature protection area
3. 自然保护区		zìrán bǎohùqū	nature protection area
4. 鹿	（名）	lù	deer
5. 体质	（名）	tǐzhì	physique
6. 凋零	（形）	diāolíng	withered
7. 恢复	（动）	huīfù	recover
8. 平衡	（形）	pínghéng	balance
9. 执行	（动）	zhíxíng	carry out
10. 法则	（名）	fǎzé	principle
11. 生态	（名）	shēngtài	ecotype
12. 加以	（动）	jiāyǐ	give
13. 灭顶之灾		miè dǐng zhī zāi	extinct
14. 殊不知		shūbùzhī	but they don't know
15. 不可缺少		bùkěquēshǎo	absolutely necessarily
16. 书虫	（名）	shūchóng	bookworm
17. 负担	（名）	fùdān	burden
18. 屡	（副）	lǚ	repeatedly
19. 挫折	（名）	cuòzhé	frustration
20. 预期	（动）	yùqī	anticipate

说　明

　　本文是一篇侧重论证的读后感,不像前一课那样,只是简单地谈谈感想。一般来说,这类文章的构成为:

1. 标题。主标题列出自己的观点,副标题用"——"号引出文章。

2. 正文首先根据文章提出自己的观点,要简单、明确。

3. 然后一般会总结文章内容,要注意的是,此类侧重论证的读后感,在介绍内容时,不要长,三两句话介绍大概的内容就可以。重点是内容介绍后,要就内容具体分析,再次提出观点。

4. 接着要能将视角扩大,由文章说开到其他可以得出相同观点的事例。此时,可以用一些例子充实文章,当然也可以列举数据等,注意所举例子或数据都应当能证明你的观点,此外,别忘了再次提及观点。

5. 最后总结。为了提高文章的理论深度,可以加一些名言、警句。最后以"总而言之"、"由此看来"、"所以说"等再次总结观点。

小提示

议论文常用的一些修辞方法

举例子	在生活上,有很多这样的例子。…… 《陈情表》就是很好的例子之一。
引用	有那样一句话,叫做"欲速则不达"。 中国有一句成语叫"守株待兔",这句成语意味着……
对比	做事屡遭挫折,这本不是好事,却让事件的主人公具有了别人得不到的经验和教训。
解释	这个涅利英自然保护区狼和鹿的故事,明确告诉了我们这样一个道理:保持平衡,是我们所有人都必须注意的一个问题。
排比	这篇文章给我这样的启发:一是……,二是……,三是…… 原因有很多,一来是因为……,二来……,三来……
举数字	49.5%的离婚的人是结婚不到三年的夫妻。

你说说下面的修辞方法：

1. 有这样一句俗话：人多活儿轻,树多好遮阴。	
2. 我曾经看过这样一个故事：……	
3. 只有这样,才能过得真、过得好、过得开心。	
4. 鸡毛蒜皮是指不重要的琐事。	
5. 钱虽然不是万能的,但没有钱却是万万不能的。	
6. 目前因吃错药导致死亡的人数每年上升10%。	

练 习

1. 请把下面的偏旁连起来,在横线上写出这个字,然后用这个字组词。

北　　朱　　＿＿＿＿＿＿＿＿　（　　）（　　）

雨(雪)　页　　＿＿＿＿＿＿＿＿　（　　）（　　）

扌　　月　　＿＿＿＿＿＿＿＿　（　　）（　　）

歹　　丸　　＿＿＿＿＿＿＿＿　（　　）（　　）

尸　　令　　＿＿＿＿＿＿＿＿　（　　）（　　）

予　　娄　　＿＿＿＿＿＿＿＿　（　　）（　　）

2. 请用课文里的词填空。

1) 人人都应＿＿＿＿＿法律,凡违背法律的人,都必须严惩。

2) 人类为了自身的＿＿＿＿＿,从自然界获取大量资源,＿＿＿＿＿,却给人类带来 了＿＿＿＿＿。

3) 虽然＿＿＿＿＿遭批评,但他依然不能从中吸取＿＿＿＿＿。

4) 试验的结果没有达到＿＿＿＿＿的目的,这＿＿＿＿＿不是好事,但却导向了另一个观点。

5) 对生态的＿＿＿＿＿,都会给人类社会＿＿＿＿＿危害。

6) 这本书＿＿＿＿＿告诉了我这样一个＿＿＿＿＿。

3. 请参考课文中的原句,模仿下面的格式写句子。

 1) 原句:保持平衡,是我们所有人都必须注意的一个问题。

   格式:……,是……必须注意的……。

 2) 原句:人们为了保护鹿,反而给鹿带来了灭顶之灾。

   格式:为了……,反而……。

 3) 原句:殊不知,从某种意义上讲,狼是鹿生存的一个条件。

   格式:殊不知,从某种意义上讲,……。

 4) 原句:其实,不仅生态平衡需要这样,在其他方面也是这个道理。

   格式:其实,不仅……,在其它方面也是这个道理。

 5) 原句:有那样一句话,叫做"欲速则不达"。何为"欲速则不达"?

   格式:有那样一句话,叫做……。何为……?

 6) 原句:你越着急,往往越不能达到预期目的。

   格式:你越……,往往越不……。

 7) 原句:所以说,我们无论在生活中,还是在工作中,都应该尊重客观的平
    衡规律。

   格式:所以说,我们无论……,还是……,都应该……。

4. 看完下面的这个故事后,请在后面的一些句子中选择适合这篇故事的论述

故事简介:

　　　　一个不知"回声"为何物的小孩子站在旷野里大声喊:"喂!喂!"附近小山就反射了他的声音。他连续几次大叫,回声都以同样的话回答。于是他就对着山骂起来,结果他听到了同样的粗话。回家后他告诉了母亲,母亲说:"孩子呀,那是你不对,如果你和和气气地对它说,它也会和和气气地对待你!"

一些论述:

1) 现实世界中的"回声"便是外界事物对人的行为、活动的反馈。

2) 大家应该彼此体谅,彼此了解,对自己的行为负责。

3) 想别人对你友善,给你帮助,你首先就要对别人和气。

4) 我们做事要谨慎,要负责,才能有好的结果。

5) 人类为了自身利益破坏自然环境,自然就以旱涝等灾害回应人类。

6) 一个公司职员常抱怨别人对他不好,有人对他说,只要他平时多微笑,问题就可以解决。

7) 自信能使弱者变强,强者变得更强。

　　　你觉得符合这篇故事的观点是:＿＿＿＿＿＿＿＿＿＿＿＿＿＿＿＿

5. 请你仿照课文,写一篇读后感。(字数不少于 200 字)

这是别的同学写的文章,请对数字标注的地方进行修改,然后参考后面的答案。

文章背景:

在一个村子里,住着一个牧童。他每天赶着羊群去放羊。有一天,他觉得很无聊,突然想到了一个办法。他假装很惊慌地跑回村子,向村民叫喊:"狼来了!狼来了!"人们听到他的话很吃惊,赶快拿着棍子上山去打狼。可是山上哪儿都没有狼,他们才知道上当了,他们很生气地对牧童说,以后别这样骗人。牧童却觉得很有意思。过了几天,他又故伎重施。这次,人们又信了他的话,又被骗了。又过了几天,狼真的来了,牧童慌忙赶到村里告诉大家。可是,这次谁也不信他的话了。牧童的羊有的被狼吃了,有的吓跑了,牧童很后悔,可是已经晚了。

<h2 style="text-align:center">维持信用很重要</h2>
——读《牧童和狼》有感

维持信用,是一个人人都要重示[1]的基本道理。这个牧童和狼的故事,明确告诉了我们一个这样的道理。[2]平时不说撒谎[3]、正直,这是我们所有人都必须注意[4]一个问题。

人应该当一个能相信的[5]。牧童和狼的故事就是这个意思。牧童只是为了好玩说撒谎[6],可是这个[7]便让人不相信他。而终于[8]狼真来的时候,谁也不相信他,所以他失掉了贵重的羊。殊不知,从某种意义上讲,牧童做的不是小小的撒谎[9],而是把人们对他的信心扔掉的行为。

其实,不仅在说话的方面,也[10]在生活中所有的方面是这个道理。在生活中,有许多这样的例子。有的学生常常不说真话,没人相信他,谁也不跟他做朋友。如果政治家不执行[11]自己说的事,人们不再支持他,他终于[12]落选。说话和行动不一致,那失去信用是当然[13]的结果。

有那样一句话,叫做"言必信,行必果"。何谓"言必信,行必果"?意思就是:干什么事,不要言而无信。也行动上[14]一样,不要半途而废。由此看来,我们无论在生活中,这[15]是在工作中,说话或者行动的时候,一定要真诚。只有这样,我们可以[16]互相相信,能做[17]一个有信用的社会。

第十八课　坚持到底就是胜利

范　文

坚持到底就是胜利

万事贵在坚持,坚持到底就是胜利。世界上再难办到的事情,只要你锲而不舍,持之以恒,最终也可以得到解决;相反,再简单的事情,如果你三天打鱼、两天晒网,最后也只能是半途而废、一事无成。

在运动场上,长跑比赛时,一位运动员摔倒了。当他爬起来的时候,发现自己已经落在了最后。再想赶上去,超过别人,几乎是奢望。冠军的希望很渺茫了,他会放弃吗? 没有,他没有放弃,而是坚持跑下去,跑到终点。场下的观众对他报以雷鸣般的掌声, 那掌声是对他坚持到底的顽强精神的鼓励,也是对胜利者的欢呼。他尽了自己最大的努力,坚持不懈,直到最后,所以他就是胜利者!

美国女作家海伦从小双目失明,耳朵也聋,但就是这样的一个残疾人,最后却成为让全世界的人都敬佩的作家。试想,没有坚强的意志,没有不懈的努力,能取得伟大的成功吗?

"水滴石穿,绳锯木断",长时间地坚持不息,小小的水滴能把坚硬的石头滴穿,柔软的绳子能把木头锯断。坚持的力量还不够大吗?

坚持到底就是胜利,请一定坚持下去!

生　词

1. 锲而不舍		qiè ér bù shě	work with perseverance
2. 持之以恒		chí zhī yǐ héng	perservere
3. 半途而废		bàntú ér fèi	give up halfway
4. 一事无成		yí shì wú chéng	accomplish nothing
5. 超过	(动)	chāoguò	overrun
6. 奢望	(名)	shēwàng	extravagant hopes
7. 渺茫	(形)	miǎománg	uncertain
8. 报	(动)	bào	report
9. 雷鸣		léimíng	the roll of thunder
10. 顽强	(形)	wánqiáng	indomitable; tenacions
11. 欢呼	(动)	huānhū	cheer
12. 懈	(动)	xiè	lax
13. 聋	(形)	lóng	deaf
14. 意志	(名)	yìzhì	will; determination
15. 锯	(动)	jù	saw
16. 坚硬	(形)	jiānyìng	hard

说　明

1. 范文是一篇命题议论文,给出题目,要求围绕题目进行议论。这类议论文有的题目已经表明了看法和主张,如范文,有的则需要作者提出观点。

2. 这种议论文的结构一般是:提出问题 → 分析问题 → 解决问题。

3. 议论过程中,可以用名人事迹、自然现象、统计数字及人们公认的科学道理、名言俗语等来证明观点,还可采用举例、对比、分析等各种方法,使自己的观点具有充分的说服力。

小提示

设问和反问

　　设问和反问是两种特殊的疑问形式,可以加强语气、确定事实,议论中常用。

1. 设问

　　设问是先提出问题，然后紧接着把答案或者自己的看法说出来。它的主要作用是提起注意,引人思考,同时加强语气,确定自己的观点。说话人并没有疑问,也不需要别人回答。如:何为"欲速而不达"? 其实就是在告诉我们,干什么事,你越着急,往往越不能达到预期目的。

2. 反问

　　反问的说话人也没有疑问，只是故意提问，答案就在问话之中,表达肯定或否定的强烈语气。如果反问句里有否定词,就表示肯定的意思;没有否定词,就表示肯定的意思。如:

例句	意思是
我怎么会喜欢他?	我不喜欢他。
你难道还不明白?	你应该明白。

请把反问句改成陈述句,把陈述句改成反问句:

1. 我怎么有时间考虑这个?	
2. 你的意思,我还会不明白?	
3. 你难道能放弃希望吗?	
4. 你不能这样表示自己的心意。	
5. 我们都愿意和真诚的人交朋友。	
6. 我当然很爱你。	

练习

1. 请把下面的偏旁连起来,在横线上写出这个字,然后用这个字组词。

钅　　　者　　　_____　　　(　　　)　　　(　　　)

亻　　　发　　　_____　　　(　　　)　　　(　　　)

走　　　居　　　_____　　　(　　　)　　　(　　　)

石　　　亘　　　_____　　　(　　　)　　　(　　　)

大　　　召　　　_____　　　(　　　)　　　(　　　)

广　　　更　　　_____　　　(　　　)　　　(　　　)

2. 请用课文里的词填空。

1) 人与人之间相处_____在真诚,有了真诚,_____大的误会和矛盾也能化解。

2) 科学家做试验常常要经历数次的失败,但他们总是不会_____,_____还会试验下去。

3) 因为没有资金和合作者,我们的计划进行了没多久便_____了。

4) 现代生活节奏紧张,想有个长假休息一下,简直就是_____。

5) 还有两分钟球赛就结束了,看来我们队进一球的希望很_____了。

6) 只要_____了自己最大的努力,结果怎么样并不重要。

3. 请参考课文中的原句,模仿下面的格式写句子。

1) 原句:世界上再难办到的事情,只要你锲而不舍,持之以恒,最终也可以得到解决。

　　格式:……再……,只要……,也……。

2) 原句:当他爬起来的时候,发现自己已经落在了最后。

　　格式:当……时,发现……。

3) 原句：他会放弃吗？没有,他没有放弃,而是坚持跑下去,跑到终点。

格式：……？……。

4) 原句：他尽了自己最大的努力,坚持不懈,直到最后,所以他就是胜利者！

格式：……尽……,所以……。

5) 原句：没有坚强的意志,没有不懈的努力,能取得伟大的成功吗？

格式：没有……,没有……,能……吗？

6) 原句：坚持的力量还不够大吗？

格式：……还不够……吗？

4. **请根据《1234567》这个题目,写一篇议论文的提纲,包括论点、论据、论证方法。**

提示：

①	联想到 7 个音符	→	音乐的魅力
②	7 天一个星期	→	时间的宝贵
③	7 个数字	→	积少成多，循序渐进
④	7 个小矮人和白雪公主	→	友谊的可贵

5. 仿照课文,以《勤奋出成果》为题目,写一篇议论文。(字数不少于300字)

这是别的同学写的文章,请对数字标注的地方进行修改,然后参考后面的答案。

失败是成功之母

"失败是成功之母",想必每个人都有过亲身体验,并且有很多伟人的事例也为我们做出了这个定义[1]。

1814年英国人斯蒂芬逊制造出世界上第一辆蒸汽机车。当时有人开[2]一辆马车和它赛跑,新[3]火车丑陋笨重,走得很慢,漂亮的马车跑得很快比火车[4];而且火车由于没装弹簧,把路基也坏[5]了。然而斯蒂芬逊并没有因比赛失败而灰心,他不断改变[6]机车,终于完成了成功[7]。试想,如果有[8]了一次失败就灰心,火车还能够成为一种重要的交通工具吗?

爱迪生为了寻找合适[9]做电灯灯丝的材料,一连试验了999次都没有成功,但是他一再地作出努力,最终取得了成功。

所以我们无论做任何事,在失败的时候不要丧气和灰心[10],而要从中受到[11]教训,以丰富的经验和勇气战胜一切,便会拥有成功。

第十九课　谈历史

范　文

谈 历 史

历史<u>是</u>一面镜子。

站在历史这面镜子前,<u>可以让我们</u>看清自己。面对历史这面镜子,成功者<u>可以</u>发现自己的不足。当年记者问球王贝利:"请问贝利先生,您最喜欢哪一个进球?"贝利只是淡淡一笑:"下一个!"面对历史这面镜子,失败者<u>可以</u>找到努力的方向,"失败是成功之母!"<u>历史上这样的事例屡见不鲜。</u>

站在历史这面镜子前,<u>我们也可以发现</u>镜子的污点与光芒。<u>从镜子中</u>,我们看到了 1840 年鸦片战争的炮火。没有知识和实力就要挨打!从镜子中,我们也能够看到古代中国的四大发明,发现民族的辉煌。从镜子中,<u>我们应该</u>吸取古人失败的教训、总结前人成功的经验。

<u>然而</u>,机械照搬镜子里的内容也<u>是不对的</u>。盲目学习古人可能会让我们在今天无用武之地。<u>一来</u>古今生活节奏<u>不同</u>。古人可以"采菊东篱下,悠然见南山",而我们只有脚步匆匆才不会被时代所抛弃。<u>二来</u>古今社会背景<u>有别</u>。新世纪科技发展飞速,每天的新事物都会让人们应接不暇。<u>倘若</u>在此背景下,拒绝高科技,<u>怎么可能</u>成为新世纪的一员!

历史是一面镜子,<u>用辩证的眼光</u>面对历史这面镜子,历史<u>才</u>会真真正正帮助你。

生词

1. 屡见不鲜		lǚ jiàn bù xiān	common occurrence; nothing new
2. 污点	(名)	wūdiǎn	stain; spot; blemish
3. 光芒	(名)	guāngmáng	rays of light
4. 鸦片战争	(专名)	Yāpiàn Zhànzhēng	Opium War
5. 实力	(名)	shílì	strength
6. 挨打	(动)	áidǎ	take a beating
7. 辉煌	(名、形)	huīhuáng	splendid
8. 总结	(动、名)	zǒngjié	sum up; summarize
9. 机械	(形、名)	jīxiè	machine; mechanical
10. 照搬		zhàobān	copy
11. 盲目	(形)	mángmù	blind
12. 无用武之地		wú yòng wǔ zhī dì	useless
13. 节奏	(名)	jiézòu	rhythm
14. 采菊东篱下, 悠然见南山		cǎi jú dōng lí xià, yōurán jiàn nán shān	an ancient poem describing the peaceful mood
15. 匆匆	(形)	cōngcōng	hurriedly
16. 抛弃	(动)	pāoqì	abandon; forsake
17. 世纪	(名)	shìjì	century
18. 应接不暇		yìngjiē bù xiá	too busy to attend to all
19. 倘若	(连)	tǎngruò	if; supposing; in case
20. 辩证	(形)	biànzhèng	dialectical

说　明

就某些抽象概念或者某些具体物件议论的议论文比较难：

简单的结构为：

1）标题。可以用"论"或"谈"来引出要谈的概念或物件，如：谈历史。也可以直接说出自己的观点。

2）正文首先明确提出观点，然后通过一些修辞手法，比如说举例子、引用等来说明观点。在说明观点的过程中，特别注意要以一种辩证的眼光看待问题，任何事物都有其多面性，所以注意从不同角度去论述。这样论述的空间就大了。

3）最后总结时再阐述一下观点。

小提示

议论文中一些常用连词格式

转折	……，然而……	我们要学习古人，然而照搬也不对。
	……，而……	古人可以悠然，而我们只有脚步匆匆。
	……，但……	他们生于不同的家庭，但有一天会相遇。
	……，否则……	保护自然，否则人类将受到自然的惩罚。
并列	一来……，二来……	一来古今生活节奏不同，二来背景有别。
	一方面，一方面	我们一方面可以从历史这面镜子中看到污点，一方面也可以从中看到光芒。
	既……又……	手机既方便了生活，又沟通了感情。
条件	只有……才……	我们只有脚步匆匆才不会被时代所抛弃。
	只要……就……	只要有信心，就能使弱者变强，强者更强。
	除非……否则……	除非电脑也有感情，否则不能取代人类。

假设	倘若……，怎么……	倘若拒绝高科技，怎么可能成为新世纪的一员？
	如果……，就……	人如果缺乏自信，就会放弃争取理想。
递进	不但……，而且……	有自信的人，遇到困难不但不服气，而且能坚持到底。
	不但……，甚至……	互相帮助，不但可以克服困难，甚至能提高人们共同生活的质量。
因果	因为……，所以……	因为我们共同生活在地球上，所以需要互相帮助。
	……，因此……	欲望越来越大，因此失望也越来越多。

请你把恰当的连词填在下面句中恰当的地方：

1) 只有这样,我们的生活里不会发生这种不幸的事。

2) 现实中的"回声"不仅表现在人类社会中,表现在自然界中。

3) 人们对这些外界事物做出了友善的行动,它们便也会对人作出有益的反应。

4) 但他们不说如何活着,说如何对待死亡。

5) 现代人不能抓住身边的快乐,他们常常说活得很累。

6) 科技发展会使人们享有丰裕的生活,也会威胁人类的生存。

7) 地球环境每天都在改变,每时都在改变。

练习

1. 请把下面的偏旁连起来,在横线上写出这个字,然后用这个字组词。

牙	目	_____	(　　)	(　　)
光(⺣)	鸟(鳥)	_____	(　　)	(　　)
木(木)	右	_____	(　　)	(　　)
亡	戒	_____	(　　)	(　　)
艹	军	_____	(　　)	(　　)
日	暇(叚)	_____	(　　)	(　　)

2. 请用课文里的词填空。

1) 失败者只有看清自己的_____,才能找到努力的_____。

2) 这样的事情太多了,_____。

3) 应该_____地看待问题,犯了错误的人只要他_____了教训,就能重新成为社会的_____。

4) 生活的_____太快,懒惰的人只有被_____,勤劳的人才能放射出_____。

5) 凭这个公司的_____,要想_____发展,怎么_____!

6) 很多人出国时很_____,到了国外,才发现自己的专业根本_____。

7) 保姆市场开业以来,客户_____。

3. 请参考课文中的原句,模仿下面的格式写句子。

1) 原句:站在历史这面镜子前,可以让我们看清自己。

格式:……,可以让我们……。

2) 原句:没有知识和实力就要挨打!

格式:没有……就要……。

3）原句：然而,机械照搬镜子里的内容也是不对的。

格式：然而,……是不对的。

4）原句：盲目学习古人可能会让我们在今天无用武之地。一来古今生活节奏不同,二来古今社会背景有别。

格式：……。一来……,二来……。

5）原句：我们只有脚步匆匆才不会被时代所抛弃。

格式：我们只有……才……。

6）原句：倘若在此背景下,拒绝高科技,怎么可能成为新世纪的一员!

格式：倘若……怎么可能……。

4. 请你根据提示词,用辩证的分析来完成下面的议论。

蜡烛：保存自己　照亮别人

　　人们常说,蜡烛为了人类的光明,燃烧了自己,这是一种牺牲精神,但我觉得,_____

_____

_____。

网络：越来越远　真情交流少

　　人们觉得,网络拉近了和朋友间的距离,他们即使在很远的地方,我们也能跟他们很快联系。但我觉得_____

_____

_____。

5. 请你仿照课文,写一篇议论文。(字数不少于250字)

改一改

这是别的同学写的文章,请对数字标注的地方进行修改,然后参考后面的答案。

论节约

节约是我们传统的好的品德 [1]!

穷时需要节约,这时节约,可以为家庭和国家积累财富。可富时更需要节约,这时节约是一种"居安思危"的好的 [2] 品质。丰田公司,在卫生间每个马桶的水箱中都放了几块砖,为了慢慢 [3] 水流速度,减少用水的数量 [4]。节约正是一个重要原因丰田公司事业发展 [5]。

想想丰田精神,又 [6] 看看今天的自己。节约,一直是我国家 [7] 的传统。日本从 60 年代开始发展,到今天作成 [8] 亚洲的经济强国,靠的既是几代人的努力,更 [9] 几代人的节约持国。然而,却 [10] 保持这种节约的精神不容易。现在,日本年青人的生活比以前越来越很好 [11],可大部分都有浪费的坏习惯,食堂每天都有很多剩菜,穿的和玩的都要名牌……这样时间长了 [12],个人的浪费就会形成国家的浪费,造成国家的损失。

国内的经济最近很不好,一些人过着贫穷的生活。看这些 [13],我们每个人更应该形成 [14] 节约的好习惯,不应该浪费,给 [15] 美好的未来努力。

第二十课　安乐死不应盲目合法化

范　文

小材料:

　　"安乐死"一词来自西方,原义为"善终"、"无痛苦的、快乐的死亡"或"尊严的死亡",是指医务人员或其他人在无法挽救病人生命的情况下采取措施主动结束病人的生命或加速病人的死亡过程。根据近年多项调查,在中国,赞成安乐死、主张立法的人几近80%。你对这个问题是怎么看的?

安乐死不应盲目合法化

　　支持安乐死的人都认为, 倘若一个人无法承受病痛带来的折磨, 使用安乐死的方法告别人世可以说是一种体面的选择。虽然这样的理由听起来很有道理,但我并不赞同将这些理由作为安乐死合法化的借口。

　　俗话说人命关天,医生的天职就是要拯救病人的生命。很多病人因为疾病无法医治, 医生往往建议他们选择安乐死。事实上,现代医疗科技的发展速度一日千里,很多以前无法治愈的疾病在一两年之后都有可能被攻克。安乐死的合法化,无疑会给很多医生提供懒惰的借口,使他们不努力地尽治病救人的责任。

　　现实生活中,很多病人因为患有疾病,无钱医治,不得不选择安乐死来终结自己的生命。对于这样的病人,我认为政府和社会应当提供援助,甚至提供免费的医疗服务,这是政府和社会应尽的责任。如果就这样放弃他们,让他们选择死亡,这样的死"安乐"吗?

　　另外,一些患有绝症的病人往往会头脑发热,一时冲动做出选择安乐死的决定。这样的决定与自杀无异,往往并不明智。在这样的情形下,医生所做的绝对不应当是帮助病人实施安乐死,而是应当尽量安慰病人的情绪,劝说其放弃自杀的念头。

　　由此可见,我们不应当对安乐死合法化抱盲目的热情,而应当用更加冷静的眼光来看待安乐死合法化的问题。

生　词

1. 化		huà	used as a suffix to a noun or an adjective to indicate sth. or sb. is becoming or made to have the attribute
2. 承受	(动)	chéngshòu	endure
3. 折磨	(动)	zhémó	persecute; torment
4. 体面	(形)	tǐmiàn	dignity; face
5. 人命关天		rénmìng guān tiān	a matter of life and death
6. 天职	(名)	tiānzhí	vocation
7. 拯救	(动)	zhěngjiù	save; rescue
8. 一日千里		yí rì qiānlǐ	a thousand li a day
9. 攻克	(动)	gōngkè	capture
10. 无疑	(副)	wúyí	beyond doubt; undoubtedly
11. 懒惰	(形)	lǎnduò	lazy

12. 患	（动）	huàn	cotract (an illness)
13. 终结	（动）	zhōngjié	end
14. 绝症	（名）	juézhèng	incurable
15. 一时	（副）	yìshí	a period of time; a short while
16. 冲动	（动）	chōngdòng	impulse; get excited
17. 明智	（形）	míngzhì	wise; sensible
18. 念头	（名）	niàntou	idea

说　明

1. 范文是一篇根据所给材料而写的议论文。

2. 要写好给材料议论文，首先要读懂所给的材料，对材料进行深入分析，抓住关键性信息，确立自己的观点，并拟好深刻反映自己观点的题目。

3. 确立自己的观点之后，要密切结合材料，或举出相关实例，选择适当的论证方法，证明自己的观点正确。

小提示

成语、俗语、名言、警句

在议论文的写作过程中，常常会用到成语、俗语、名言、警句等来举例说明，论证观点，往往能收到更好的效果。

1. 成语

成语是汉语中一种习用了的固定词组或短句，多由四个字组成,如本文中的"一日千里"。成语的结构比较固定,不能随意更换词语或颠倒顺序。成语语言简练,但含义丰富,在议论时用到成语,表达效果强烈有力。

2. 俗语

俗语是人民大众在口头上广为流传的通俗而含义深刻的固定语句。俗语的内容广泛,往往包含人们生产、生活中积累的经验等内容,所以证明文章的观点具有很强的概括力和说服力,如本文中的"人命关天"。

3. 名言、警句

名言是古今中外名人所说过的含义深刻的话,警句是对人有警示作用的话,论证时加以引用,有很强的说服力。

试一试,说说下列成语、俗语、名言、警句包含的深刻含义

1. 虎头蛇尾	
2. 一日千里	
3. 饭后百步走,活到九十九	
4. 巧妇难为无米之炊	
5. 人命关天	

练　习

1. 请把下面的偏旁连起来,在横线上写出这个字,然后用这个字组词。

亡	丞	_____	（　　）	（　　）
俞	色	_____	（　　）	（　　）
纟	肓	_____	（　　）	（　　）
扌	目	_____	（　　）	（　　）
忄	日	_____	（　　）	（　　）
知	心	_____	（　　）	（　　）

2. 请用课文里的词填空。

1）很多学生_____崇拜歌星，_____对学习造成极大的影响。

2）失恋对他来说是无法_____的打击。

3）治病救人是医生的_____，他们应该努力_____这种责任。

4）他六岁那年，父亲不幸_____上了_____，家庭一下子失去了唯一的经济来源。

5）你冷静点，不要一时_____做出不_____的决定。

6）你要劝劝他，放弃离家出走的_____。

3. 请参考课文中的原句，模仿下面的格式写句子。

1）原句：倘若一个人无法承受病痛带来的折磨，使用安乐死的方法告别人世可以说是一种体面的选择。

格式：倘若……，(那么)……可以说是……。

2）原句：安乐死的合法化，无疑会给很多医生提供懒惰的借口，使他们不努力地尽治病救人的责任。

格式：……，无疑会给……。

3）原句：现实生活中，很多病人因为患有疾病，无钱医治，不得不选择安乐死来终结自己的生命。

格式：……，因为……，不得不……。

4）原句：对于这样的病人，我认为政府和社会应当提供援助，甚至提供免费的医疗服务，这是政府和社会应尽的责任。

格式：对于……，我认为……。

5）原句：这样的决定与自杀无异，往往并不明智。

格式：……与……无异，……。

6）原句：在这样的情形下,医生所做的绝对不应当是帮助病人实施安乐死,而是应当尽量安慰病人的情绪,劝说其放弃自杀的念头。

格式：在……下,……不应当……,而是应当……。

4. 请根据下面的材料,拟一个议论文的题目,并写一篇提纲。

材料：

一个男人在大街上碰到一件抢劫提包的事情, 他尽力追赶那个小偷, 并与那个小偷做斗争,最后终于拿回了被抢的提包。当被抢劫的女孩赶过来向他道谢的时候,他才发现被抢劫的女孩居然是自己的女儿。

5. 仿照课文,根据自己了解的一个消息,写一篇议论文。(字数不少于 300 字)

这是别的同学写的文章,请对数字标注的地方进行修改,然后参考后面的答案。

材料:

一位女士刚买回一只宠物小狗才三天,她就收到了一封邀请信。信中邀请她带着她的宠物小狗去参加另一只宠物小狗的生日宴会,里面还夹着一张纸条,上面写的是过生日的"小朋友"希望收到的礼物。

让狗过上狗的好日子吧

最近在许多国家和[1]地区到处[2]都能看到宠物医院、宠物超市、宠物理发店等。对此,人们都习以为常了,认为这是说明大家都有了爱护与保护动物意识的标志[3]。像材料中给小狗过生日的事情,很多人可能还觉得很有滋味[4],让狗享受人享受的一切。

但本人觉得这种做法就不以为然[5]。在这儿我们从不同的角度来分析这个问题。

首先,我觉得把宠物当作人的现象对我们社会弊大于利,它会使人产生错误的价值观。特别是在目前有许多地区处于贫困的情况下给小狗买礼物,而不去给连一口水都没有喝[6]的孩子买吃的、喝的。这对我来说是不可思议的。

其次,我觉得这种做法不但对动物没有益处[7],反而破坏[8]它们过好日子的希望,甚至使动物变性。它们并不需要把身上的毛染色[9],不需要穿毛衣、戴帽子,不需要被抱。它们需要的是理解、爱护、同情和妥当[10]的自由。

如果你认为宠物是一个人,为什么你不问它:它是否愿意穿上主人为它亲自[11]做的毛衣,它是否愿意接受手术,它是否愿意去宠物美容院剪爪[12]甲。如果它是一个人,它应该选择自由生活方式[13]。

期末考试及参考文章

初中等水平考试者：

下面有两幅图，请你从中选一幅写一篇文章。要求有说明，也有议论。

字数不少于 200 字，其中议论所占比例至少 80 字。

《裂》

《汇报》

中高等水平考试者：

写一篇议论文，要求有辩证的思想。

字数不少于 300 字。

参考话题：自由、美丽、友谊……

初中等水平者考试参考文章:

裂

　　漫画《裂》的画面上站着一个人,这个人张着胳膊。这时,阳光普照,土地被太阳照得裂开来。土地很贫瘠,裂得一天比一天厉害了。土地裂开的原因是水不够,因为没有水,土地上一根草也不长。没有了草的土地耐不住太阳的热气,越来越裂,人也裂开来了。他看着自己开裂的身体惊惶失措,满头大汗。

　　通过这幅漫画,我们可以看到水的重要性。人类离了水就不能生活下去,所以我们需要节约用水。可是现在人们浪费水,地球上的水越来越少。我们必须解决这个问题, 其实节约水并不难。比如说洗衣服的时候减少洗衣粉的数量或者衣服放好一起洗,漱口的时候用杯子等等,虽然是小事,但只要我们常常这样做,就可以保护好地球上的水。

中高等水平考试者参考文章:

自　由

　　自由是宝贵的。自由是所有人在出生的时候自然获得的权利。不管男女老少,任何人的思想、说的话、吃的、喝的……都是自由的。

　　自由是宝贵的。所以人人都有自由不受侵害的权利。如果自由受到侵害的时候,为了保卫自由我们可以斗争。在我们的历史上,为了保护个人的自由或国家和民族的自由,有好多次的战斗。

　　然而,这样宝贵的自由太过分的时候,自由便不再是宝贵的,而成了放纵!我们无论谁都是自由的,所以很容易侵害别人的自由,也很容易受到别人的侵害,这是自由的一个特点。比如,我在课堂上大声唱歌,这是我的自由,可是对于正在学习的同学,我侵害了他们的自由。走路的时候随意扔掉垃圾、随意侵害别人,这些都是放纵。

　　为了限制过分的自由,法律就产生了。法律限制了某些方面的自由,可能被认为不合理,可是合理的限制是必要的。合理的限制不是限制自由,而是保护自由的一种手段。不但在法律上要限制过分的自由, 在我们的意识上也要有尊重别人自由的想法。

　　自由是宝贵的。承认别人的自由,然后享受自己的自由。这样才能得到真正的自由,能享受真正的自由。

参考答案

第一课

小提示

祝你工作顺利！
亲爱的小燕：
这本书的名字叫《日出》。
烟雾慢慢地散了……
我先回去,明天再来。

练习

1. 敬、念、轻、境、机、康

2. 1) 好久、想念、最近　　　2) 一直、及时、原谅　　　3) 让、美好

　 4) 你追我赶　　　5) 环境、气氛　　　6) 一、就、希望

4. 参考文章

> 亲爱的麦克：
>
> 　你好！
>
> 　最近怎么样？我最近一直忙于考试,没有及时给你回信,请原谅！
>
> 　收到你的来信,我想起了在英国留学时我们一起去旅游的美好时光,真想再回英国,跟你和朋友们在一起啊！我最近参加了剑桥商务英语考试,希望拿到证书后能做这方面的工作,再到英国跟你见面！
>
> 　向你的爸爸妈妈问好,希望很快收到你的回信。
>
> 　祝
>
> 全家幸福！
>
> 　　　　　　　　　　　　　　　　李仲石
>
> 　　　　　　　　　　　　　　　2003-12-14

改一改

1. "尊敬的王老师"应该顶格写。

2. "您好"前要空两格,下面每一段开始都这样。

3. 没/"不"表示主观上不愿意,"没"表示客观的事实。

4. 在计算机系学习/"在"加上处所,一般情况下放动词前。

5. 美好。"漂亮"常指实在物体,"美好"可指抽象事物如"时光"。

6. 愉快的事。双音节形容词修饰名词,要加"的"。

7. 听不懂/因为专业词太多,所以我不能听懂,这是客观情况,应该用可能补语。

8. 不要"了"/帮助我这件事是常常发生的事,表示常常发生的动作不要加"了"。

9. 对电脑感兴趣/感兴趣是离合词,加对象时要用介词来介绍"感兴趣"的对象。

10. 上网

11. 姓名和日期都写在右下方。

第二课

小提示

贵社。
我 1980 年生于汉城。
如能答应。
简历复印件一份。
随信附上。

练习

1. 资、期、获、创、特、历

2. 1) 贵、对、一   2) 从、专业   3) 担任、职

   4) 参加、开拓   5) 获得   6) 发、尽快

4. 参考文章

致相关人员:

我从报纸上看到贵公司的招聘启事,我对营销员一职很感兴趣。

我 1978 年生于南京,1999 年毕业于南京经济学院营销专业,获本科学位。我的形象具有亲和力,大学期间就是系的宣传部长,对于工作十分有责任心,喜欢团队工作。毕业后我来深圳工作,现在一家外贸公司工作。但我更希望来贵公司发展。

相信凭我的专业知识和工作经验，一定能为贵公司带来更大的效益。

随信附上简历一份，毕业证和身份证复印件各一份，近照两张。

希望尽快收到您的回音。

　　祝

工作顺利！

李美庆

2003年12月14日

改一改

1. 上

2. 贵/用"你们"不礼貌，用"贵"是书面语。

3. 从北京外国语大学国际贸易系毕业。"毕业"后不能直接跟处所名词，要用介词。

4. 期间/一段时间，用"期间"。

5. 每年

6. 在一家贸易公司打工/理由同"毕业"。

7. 此外/表示另外的方面，用"此外"更书面。

8. 凭/这里表示依靠某些东西做某事，而不表示按照某些东西做某事，因此不用"根据"。

9. 为贵公司带来

10. 贵公司

11. 被/被动句时介词"被"和"给"后可以不带宾语，但"让"和"叫"要带。

12. 希望能尽快收到回音。

13. 随信附上简历一份和获奖证书复印件。

14. 工作顺利！

第三课

小提示

他没请我，我不想去。

放入作料，再煮一会儿，就好了。

您先准备材料吧。

所以一直听。

最近我也有时间。

练习

1. 览、馆、护、留、赶、谢

2. 1) 有关　　　　2) 间、再三　　　　3) 重要的是

　　4) 得知、衷心　　5) 钦佩　　　　6) 将、追问

4. 参考文章

英语系有关领导：

　　我想向贵系四年级学生李石成表示衷心的感谢！

　　我是中文系三年级的学生，我叫金大力。本月 3 号，我一个人去爬山，但是下山的时候因为太匆忙，不小心摔伤了腿。我正在发愁的时候，贵系四年级学生李石成路过，他赶紧把我扶起来，还带我去学校医院检查。当时我身上没带钱，他就把自己的钱拿出来给我挂号、买药。后来，他还开车送我回家，我再三追问他的姓名，他不说，还说这是他应该做的。后来，我的一个朋友告诉我他的身份。

　　我恳请贵系对他进行表扬，表扬他这种乐于助人的精神。

　　再次表示深深的谢意。

　　致

礼！

金大力

2003 年 9 月 10 号

改一改

1. ：

2. 向您

3. 来中国/谓语动词在前，名词宾语在后，这是汉语句子的基本顺序。

4. 就/表示动作发生得早。

5. 马上来/副词一般都在动词的前面。

5. 马上来/副词一般都在动词的前面。

6. 打点滴

7. 还

8. 下

9. 好了/"了"在句尾表示变化。

10. 也总是

11. 地/形容词修饰动词时,中间加"地"。

12. :

13. 祝

第四课

小提示

| 飞机比火车快得多。 |
| 小张比小李睡得早。 |
| 他比我更爱睡觉。 |
| 我这次考得没上次好。 |
| 跟以前比,他老多了。 |

练习

1. 悉、攻、钻、酌、涉、献

2. 1) 攻读、学位　　2) 确定　　3) 边、边

　 4) 在、下　　　　5) 申请　　6) 特此

4. 参考文章

申请书

尊敬的杰瑞总经理:

　　我是迈克,是公司销售部的职员,来公司工作已经三年了。我曾经在中国南京师范大学国际教育学院学习,当时的专业是汉语言文学。因此我具有比较高的汉语水平,能够熟练地听、说、读、写汉语。在南京师范大学学习期间,我还取得了汉语水平考试8级证书。

　　听说公司对外贸易部最近新开发了与中国的贸易往来,所以我申请调到对外贸易部工作,更好地发挥自己的特长,为公司创造更大的效益。希望您酌情考虑此事。

　　此致

敬礼!

申请人:迈克

二〇〇四年六月十日

改一改

1. 毕业于巴黎大学

2. 已获得教育学学士学位/在这儿与"学位"搭配的动词应是"获得",不是"是"。

3. 我对学前教育很感兴趣

4. 跟/"比较"是动词,用法是"比较 A 跟/和 B 的差异",不能放在被比较的两个事物的中间。

5. 久闻/比"早就听说"更正式,书面语常用。

6. 贵校/对于看信的人,在应用文中一般用"贵……",表示尊敬。

7. 比世界上很多学校都好

8. 著作很多/"很"不能修饰"有著作"。

9. 成果丰富/"丰富"不能作动词并加宾语"成果"。

10. 攻读贵校学前教育专业硕士学位/"学习"与"学位"不搭配。

11. 予以考虑/在申请书中,对申请人的申请一般是"考虑"以后做决定,不是"审查"。

12. 申请人:大卫·罗宾逊/最后要写上"申请人"这个词。

第五课

小 提 示

您一周一般上几次网?

60%的人听两个小时音乐。

20%的人晚上做运动。

您什么时候去?

练习

1. 般、适、态、调、欢、择

2. 1) 从、受   2) 一般、甚至   3) 有关、至于

   4) 其中、可见   5) 一般   6) 约会

4. 参考文章

关于"周末你做什么"的调查报告

我们对一百名 30 岁左右的女性进行了一项关于周末你做什么的调查,调查结果显示,其中百分之五十的人选择了购物,百分之二十五的人选择了

旅游,百分之十五的人选择了休息,至于劳动,只有百分之五的人选择。

由此看来,女性的周末生活正在发生着变化,年轻的女性更注意追求休闲的生活,她们更多的人愿意在周末购物、旅游,放松自己疲倦的身心。

改一改

1. 一周

2. 只考试时去/某一时间做状语,放在动词前。

3. 小时

4. 对图书馆的环境很满意/介词短语一般放谓语前。

5. 还是很受人们欢迎的/"是……的"表示强调,"的"完成语气。

6. 或是/陈述句中表示选择用"或是",疑问句时用"还是"。

7. 至于/另起一方面话题,用"至于"。

8. 当然,图书馆/用"当然"来过渡,句意上更自然。

9. 图书馆能增加/能愿动词一般放在主语后谓语动词前。

第六课

小提示

| 这些家具是新买的。 |
| 因为这个是我的爱好。 |
| 它的作用是改善环境。 |
| 这个主持人的声音是很温和的。 |

练习

1. 配、响、怀、解、流、摄

2. 1) 比如说、什么的　　　2) 锻炼、而且　　　3) 至于

   4) 受、影响、还算不错　　5) 记录、交流　　6) 计划、了解

4. 参考文章

我的爱好

我简单介绍一下我的爱好吧。我有很多爱好,像滑雪、上网、读书什么的,我都喜欢。

韩国有很多滑雪场,冬天的时候我喜欢跟家人去这些地方玩。我滑得很

好,还曾获得过区青少年滑雪比赛二等奖呢。

至于上网,那是因为计算机是我的专业,我也很喜欢这个专业。我喜欢上网跟朋友交流,还可以查我需要的资料。

有空的时候,我会安静地读读书,我觉得读书开拓了我的知识面,丰富了自己的人生。

这是我的一些爱好,我会坚持这些爱好,并相信它们能对我的工作有所帮助。

改一改

1. 喜欢的爱好/动词修饰名词时,中间加"的"。

2. 就喜欢/加"就"表示早。

3. 还是/"无论……还是……"为固定格式,表示两个都喜欢。

4. 平和或平静/"平稳"强调稳定、固定,如"事业发展很平稳"。指心理状态比较安静,用"平静"。

5. 我喜欢音乐的理由/定语放在修饰的名词前。

6. 了

7. 买东西也有/副词在主语后。

8. 跟朋友一起逛逛

9. 。

第七课

小提示

小孩子的脸红通通的。
我的妹妹有一双很大的眼睛。
业余时间我喜欢跑跑步。
湖水碧绿碧绿的。
她高高的鼻子、黑黑的头发。
社会年年都有变化。

练习

1. 辣、新、化、纯、种、昂

2. 1）俗话说　　2）昂贵　　3）化、地道

　　4）纯、大约　　5）终于、样子　　6）浓浓、乡愁

4. 题目：我的照片

　　顺序：7、8、10、9、5、6、1、2、4、3

改一改

1. 不要"也"

2. 看到／如果表示因为看，引起了怎样的变化或结果，"看"的后面应该加补语。

3. 在北京的留学生活／介词短语修饰名词时加"的"。

4. ，

5. 辛

6. 给了我／过去已完成的动作加"了"。

7. 从那时候起／"从……起"。

8. 劝我／"劝"可以直接带宾语。

9. 苦恼了

10. 终于／"究竟"有想知道事件的最后答案的意思，这里只是表示最后的结果。

11. 连吃饭也顾不上／这里是指没时间做某事，"舍不得"指不愿意花钱。

12. 是很重要的东西／介词短语后面需要动词。

13. 我的自行车被偷了／受事宾语为"我的自行车"，应该放在"被"的前面。

14. 再／没发生的动作用"再"，"又"表示已经发生的动作再发生一次。

第八课

小提示

他的体重五十三公斤左右。
她的手指那么细。
整齐的头发黑乌乌的。
其实他是很潇洒、乐观的人。
她很有主见。
她看上去身材高大。

练习

1. 银、哼、冲、睛、股、遮

2. 1) 满、挎   2) 身穿、拿、躲   3) 顶、顾、竭尽全力

  4) 不当回事、捋、微微   5) 发挥   6) 上下、股

4. 示范框(第一幅图)

> 　　三位中年人在一起兴高采烈地唱着歌。中间的那位手上拿着歌谱,他穿
> 了件蓝西服,打了条红色的领带,皮肤有点黑。……

改一改

> 1. 不要"是"/年月日等时间名词可以直接做谓语,不加"是"。
>
> 2. 不要"了"/"就"常和"了"一起,"才"表示少和晚,不和"了"搭配。
>
> 3. 家庭
>
> 4. 重要
>
> 5. 起
>
> 6. 中性
>
> 7. 一米一左右
>
> 8. 对/"向"后的动词常常是动作性比较明显的词,如"向我挥手!"。"说"的动作
> 性不太强。
>
> 9. 这副样子/"这"修饰双音节名词时,中间要加量词。
>
> 10. 就也
>
> 11. "不要"/表示说话要加双引号。
>
> 12. 站着/站是伴随跳的动作,所以加"着"。
>
> 13. 采

第九课

练习

1. 悠、秘、侣、呆、醉、缀

2. 1) 悠久   2) 向往   3) 充满

  4) 情侣   5) 幢、呆   6) 引人入胜、心醉

4. 参考文章

> **秋天**
>
> 　　秋天是秋高气霜的季节。天气不冷也不热,天空那么高,那么蓝,天上飘
> 着白白的云,还有红红的叶子,这多么美啊!
>
> 　　秋天是收获的季节。秋天成熟的水果最多,苹果、桃、杏等等,累累的果
> 实把秋天装扮成金色的世界。

> 秋天是忧郁的季节。树叶开始变黄,并渐渐落光。秋雨连绵,下个不停,让人生出许多愁绪。

改一改

1. 在农村度假/处所状语"在农村"要放在"度假"的前面。

2. 一条小溪/"小溪"的量词是"条",不是"溪水"。

3. 真好玩/上一句说了主语"这儿",所以这句说明主语怎么样——"真好玩",不能是一个名词性的短语。

4. 抓青蛙/这儿只是说明一种活动的名字,不是具体的动作,所以不需要给动词加补语"住"。

5. 被水冲走了/这儿用"被"字句比较合适。

6. 没说/表示过去的否定句里不需要加"了"。

7. 没发生别的事/理由同6。

8. 孩子们/"们"不能跟数量词在一起用。

9. 我怀念小时候外婆的家/宾语应该放在动词的后面。

第十课

小提示

比喻	老师的关心像春天一样温暖。
夸张	中国队获胜了,队员们都兴高采烈的,对方的队员们都垂头丧气的。
对比	我的心里既高兴又难过。
排比	公园里有的人散着步,有的人打着拳,还有的人在唱歌。

练习

1. 安、装、备、掌、勤、团

2. 1) 整装待发　　　　　　2) 忐忑不安、出乎我意料、精采、赢得

　 3) 连续、沉甸甸　　　　4) 嘱咐、争气

　 5) 力量　　　　　　　　6) 出类拔萃、荣誉、辛勤

4. 一群人、围、在听、在讲、很兴奋、一个皮包、说什么、眼镜、挤了进去、莫名其妙

改一改

1. 天气这么异常/"这么"为程度副词,一般放在主语后面,谓语前面。

2. 狼狈/该词不能重叠。

3. 看到/看并且看到了一些场面。

4. 让/这里是使令意义,没有通过动作处理某物的意思,不用"把"。

5. 雨很大地下

6. 仍然

7. 淋湿/"被"动句中施动者后要加动词。

8. 没发现/这里是没有发现,不是不能发现。

9. 的父亲/动词短语修饰名词中间要加"的"。

10. 水里

11. 却被/加"却"表示轻微的转折,使两句话的连接更自然。

12. 疾驶而过

13. 情景

14. 上

15. 为/表示给予、提供的意思。

16. 甚至/这里的意思是递进意义,不是转折。

第十一课

小提示

然后用这些材料开始做菜了。
把东西准备好。
把面条从热水里拿出来。
把衣服洗干净。
选择鸡的时候。
在水里撒粉。

练习

1. 料、接、着、准、巧、距

2. 1) 粘、牢、揭   2) 窍门、就   3) 涮、拧、注意

   4) 把、放、一会儿   5) 准、距离   6) 有心人、发现

4. 参考文章

> ### 王经理的日程安排
>
> 　　上午 8:00 先去公司, 接几个客户的电话。然后查看一下每天收到的信件。九点钟左右, 照例打开电脑, 查看邮件, 并安排计划。十点半, 约好了销售部的员工一起商量公司明年的销售计划。
>
> 　　下午 一点去看牙医, 时间不能太长, 因为两点钟时约了天技公司的李总谈业务。下午四点跟平时一样, 参加棒球俱乐部的活动。提前一点离开, 回去收拾一下行李, 晚上六点坐飞机去巴黎出差。

改一改

1. 养花不容易/这里不表示能不能容易, 也不表示养花这一过程正在进行得怎样, 因此用情态补语不合适。只是说明一般的情况, 直接用主谓结构就行了。

2. 只要/"只要……就"为固定搭配, "只有"搭配"才"。

3. 把花养得漂漂亮亮/情态补语时, 如果谓语动词后带宾语, 那么可以用"把"字句, 也可以说"养花养得漂漂亮亮"。

4. 把我的窍门介绍一下/可以用"把"或者直接把动词放到前面。

5. 用/这里表示使用。

6. 既……也……/"一边……一边……"表示同时做两件事, 不表示一件事的两个方面。

7. 保持/水分长期停留, 所以不是"保护"。

8. 给植物增加/增加后不能带双宾语, 所以要加介词。

9. 还/主语相同, 表示其另一方面, 用"还"。

10. 有利于

11. 使/这里是使令意义。

12. 暖和一点儿/"有点儿"加形容词常表示不满意的事。这里是"暖和", 正是花木需要的环境。

13. 不要"的"/若用"的", 前面应该有"是"与其搭配, 表示强调。

14. 放在房间里/通过"放", 水发生了位置改变, 改变到了房间里, 所以介词短语应该放后面。

15. 的一些"一些"表示量, 直接放在名词短语前。而"我"修饰名词短语时, 应该加"的"。

16. 越来越好/"越来越"修饰形容词时, 形容词前不能有程度副词。

第十二课

小提示

衣服用清水洗净后拧(干)。	先请准备(好)材料。
把适当的水煮(开)。	把饺子皮慢慢地卷(起来)。
把黄瓜切(小)块或者丝。	把所有的作料都混合(在一起)。
放入作料,再煮(一会儿)。	先搅拌(一下),要不然粘在一起了。

练习

1. 紫、鲜、抹、垫、圆、腻

2. 1) 按照、口味　　　2) 炒、抹、放、的话　　　3) 煎

　4) 慢慢、正好适合　　5) 开胃、别提　　　6) 一样样、整齐

4. 材、根、调、过程、净、切、状、焯、出、熟、一会儿、片、时

改一改

1. 那/代表上面几句话,而并非指代某个具体的事物。

2. 沙拉不但/后面的话都是说明沙拉,如果主语相同,那么主语应该放在"不但"的前面。

3. 满足/"充足"不做动词。

4. 低/比较句中用"更"时,表示比较的两个事物其状态差不多,只是前者更如何。这里主食热量高,沙拉热量小,事物属性是相反的,所以不要用"更"。

5. 真是/"真"不能直接修饰名词短语,该加动词"是"。

6. 都会/"每……都"。

7. 介绍一下/这里介绍很轻松、随意,所以加"一下"表示轻松。

8. 把

9. 放入盛器内/动词在宾语前。

10. 洗净/这个句子整体上是"将……"的把字句,所以动词后应该有补充成份。

11. 浇/"汁"的动词是"浇"。

12. 就/表示顺承的意义,用"就"。

13. 试一下吧/建议别人试一试,末尾用语气词"吧"比较好。

第十三课

小提示

听新闻说,黄酱可以预防得癌。
我原来对做菜不感兴趣。
这样,就做完了。
我从来没见过他。
其实我们是在飞机上认识的。
上星期四我跟她的朋友去那儿了。
从小到大我一直写日记。

练习

1. 缸、似、阔、域、奔、跃

2. 1) 幅、似乎　　　2) 羡慕、自由自在　　3) 各、分别

   4) 跳、跃　　　5) 互换、位置　　6) 如前

4. 图一:电线上站着两只麻雀,还有三只蝙蝠颠倒地吊在电线下。麻雀们注视了
   蝙蝠们好一会儿。

   图二:于是两只麻雀也吊在了电线下。这样,两只麻雀和三只蝙蝠一起吊着了。

   议论:麻雀本来是不会颠倒地吊着的,但是麻雀们做出了跟蝙蝠一样的行动,
   因为蝙蝠的数量比它们多。和麻雀一样,人们也常有这种从众心理。

改一改

1. 《大海的心》/引用画、书时要加书名号。

2. 在海边坐着两个孩子/介词"在"组成的短语表示处所时放在动词前。

3. 打了

4. 画海洋画得更好

5. 中的一个

6. 画下来了/"把"字句动词后必须有补充成份。

7. 画的/"是……的"表示强调,强调方式、原因、状态等。

8. 还/这里表示有船,也有鱼、虾,此时的结构为"除了……还"。如果用"都",表
   示没有"船"。

9. 只将/副词一般放在动词的前面。

10. 画下来/"将"同把字句,动词后要加补充成份。

11. 丰富/强调抽象的内容更多更广,最好用"丰富"。

第十四课

小提示

我一看到她的笑脸心情就好起来了。
但是接触过的同学都这样说。
你把我说得稀里糊涂。
做的方法很简单。
这照片是我去双溪寺时拍摄的。
那个坐在你身边大笑的人我认识。

练习

1. 盛、聚、式、祀、感、压

2. 1) 举行、仪式、盛大   2) 意味   3) 聚集一堂、尽情、感受

   4) 必不可少   5) 仅次于、大   6) 丰盛、享用

4. 参考文章

> **济州**
>
> 　　济州位于朝鲜半岛西部的南海上,由最大的济州岛和其他小岛组成,被称为"和平之岛",因为在这里多次举行过韩日和韩美间的会谈,它具有美丽的自然景色和神秘的传统文化。

改一改

1. 位于

2. 30 多万人/如果数字末尾为 10 以上的整数,"多"在量词前。如果为 10 以下的整数,"多"在量词后,如"39 万多"。

3. 离/表示距离远近用"离"。

4. 历史却/"却"为副词,在主语后。

5. 地方之一

6. 另

7. 之间/表示一段距离用"之间",表示某一点用"中间"。

8. 遗迹

9. 那儿还有/"还"为副词,主语后。

10. 文物

11. 享

12. 庆州世界/根据句意,这是一个地点,为专有名词,此时不用加"的"。

13. 路

14. 两/2 后加量词时读做"两"。

15. 停有名的景点/动词加宾语。

16. 到达/"达到"跟目的搭配。"到达"后跟实际的地方。

第十五课

小提示

我的生日男朋友忘了。
我的手让刀碰破了。
朋友的箱子被服务员拿错了。
他让老师批评了一顿。
衣服叫雨淋湿了。
他被公司派到中国。

练习

1. 致、忠、懈、槽、赖、畅

2. 1）畅销　　2）托付　　3）跳槽　　4）风行　　5）信赖

4. 参考文章

> 《漂亮妈妈》是一部表现伟大母爱的非常感人的电影。它 2000 年由华亿亚联影视出品发行,导演孙周,巩俐和高欣分别担任妈妈和聋哑儿子的主演。这部电影不仅在中国国内引起了很大轰动,而且在国际上反响也很大,参展了第 50 届柏林国际电影节,并参赛奥斯卡"最佳外语片奖"。《漂亮妈妈》获得的国际奖项有加拿大蒙特尔国际电影节最佳女主角奖和第 20 届美国夏威夷国际电影节优秀电影奖。

改一改

1. "有着很高的地位"或"地位很高"/单音节形容词"高"不可以直接修饰名词 "地位",要加"的"。

2. 认为/"说"在这儿不正式。

3. "自己一个人"或"独自一人"

4. 双/袜子的量词是"双",手套的量词是"副"。

5. 陪伴/这里不只有"陪"的意思,还有"伴"的意思,也就是"和……做伴"的意思。

6. "全是"或"都是"/"脸上全部雀斑"这句话少了谓语动词"是"。

7. 头发是红色的

8. 都被她打败/在被字句中"让"替代"被"时,后要加宾语。

9. (搞)恶作剧/"恶作剧"的动词常用"搞",也可单独不加动词来用。

10. 带来/"造成"常与"后果"等搭配,与"影响"搭配的动词在这儿用"带来"比较好。

11. 受/如果用"被",动词"限制"的后面还要加别的成分。而在意思上"受……限制"很合适。

12. 被成年人忽视/少了一个"被"字。

13. 体现了/"说明"与句子的意思不符合。

14. 作为送给女儿 10 岁生日的礼物

15. 一直是瑞典/"一直"是副词,后面不能跟名词性的成分。

第十六课

小提示

但是它对我来说是很好的朋友。

我们吃午饭后在校园散步。

最近马山遭到台风袭击。

您跟谁一起去?

我对她的意见完全同意。

我要介绍关于他的一件事情。

一边运动一边和朋友说话。

练习

1. 甜、蜜、遇、程、越、贫

2. 1) 印象、记忆　　　　　2) 真正、利用　　3) 算计、不顾

　　4) 对、贫困、为、斤斤计较　　5) 观、过程　　6) 胆怯、世俗

4. 缩写：两只老鼠和两个小矮人一起在一座迷宫里找奶酪,终于有一天,他们找
　　　　到了想要的奶酪。

改一改

1. 称他为

2. 结束了

3. 他把/刚才主语是"他的画",现在主语转换了。

4. 不要"程度"

5. 另外

6. 不要"把"/这里不是说通过"埋头"使一辈子发生了变化,因此不需要"把"。

7. 不要"所"

8. 背台词

9. 角色

10. 显示出/"不正常"的状态是表现出来的,所以用"出"做补语。

11. 用奇怪的声音唱歌/状语一般放在动词前。

12. 这所有的/"这"为指示代词,一般放在多项定语的最前面。

13. 话剧中

14. 段

15. 画里的

第十七课

小提示

有这样一个俗话儿:人多活儿轻,树多好遮荫。	引用
我曾经看过这样一个故事:……	举例
只有这样,才能过得真、过得好、过得开心。	排比
鸡毛蒜皮是指不重要的琐事。	下定义
钱虽然不是万能的,但没有钱却是万万不能的。	对比
目前因吃错药导致死亡的人数每年上升 10%。	举数字

练习

1. 背、零、执、殊、屡、预

2. 1）尊重   2）生存、殊不知、灭顶之灾   3）屡、教训

 4）预期、本   5）任何破坏、造成   6）明确、道理

4. 你觉得不符合这篇故事的观点是：2、4、7

改一改

1. 视

2. ：后面的句子都是说明了这是什么道理，作为解释应该用冒号。

3. 撒谎

4. 注意的/这里不是注意问题，而是说什么样的问题，动词短语修饰名词要加"的"。

5. 能被相信的人

6. 说谎

7. 这/"这"指的是前面的内容，并不具体指代某物，所以不用"这个"。

8. 最后/"终于"一般表示希望的结果，而狼来了很显然不是。

9. 撒小小的谎

10. 也是这个道理/"也"放主语后谓语前。

11. 履行/"履行"表示实践自己许下的承诺，而"执行"表示按照一定的程序去做。

12. 终究/原因同 8。

13. 必然/一定的行为产生一定的结果，这时用"必然"，"当然"表示按道理应该是这样。

14. 行动上也/"也"是副词，在主语后。

15. 才可以/"只有……才……"，这样语句比较自然。

16. 才可以

17. 建设

第十八课

小提示

我没有时间考虑这个。
你的意思我明白。
你不能放弃希望。

你怎么能这样表示自己的心意？

我们怎么会不愿意和真诚的人交朋友呢？

我怎么可能不爱你？

练习

1. 锯、恒、超、硬、奢、废

2. 1) 贵、再　　2) 放弃、相反、锲而不舍　　3) 半途而废

　 4) 奢望　　5) 渺茫　　6) 尽

4. 参考提纲

> 一、开篇先点题：1234567，一周有七天的时间，周而复始，令人感叹时间的宝贵。紧接着提出论点：一寸光阴一寸金，时间是宝贵的，我们应当珍惜时间。
>
> 二、具体论述时间为什么宝贵
>
> 　　1. 使用名人名言：
>
> 　　　① 中国古人说：一寸光阴一寸金，寸金难买寸光阴。
>
> 　　　② 俄国著名作家高尔基说过："世界上最快而又最慢，最长而又最短，最平凡而又最珍贵，最容易忽视而又最令人后悔的就是时间。"
>
> 　　2. 珍惜时间的人会取得巨大的成就。
>
> 　　　① 大发明家爱迪生几乎每三天就有一项发明，八十岁生日时，他骄傲地说自己已经活了一百三十五岁。
>
> 　　　② 巴尔扎克是位多产的作家。他不放过一分一秒的时间。一次，巴尔扎克太累了，对一个朋友说："我睡一会儿，你 1 小时后叫醒我。"1 个小时过去了，朋友实在不忍心叫醒他。巴尔扎克醒来后，发现超过了 1 小时，几乎是暴跳如雷地对朋友说："为什么不叫醒我，耽误了我多少时间啊！"
>
> 三、我们要珍惜时间，充分利用好每一天。

改一改

> 1. 证明了这一点/"做出了这个定义"中"做"和"定义"不搭配，应该用"下定义"。另外，这个意思也和原句不符合。

2. 驾着/"开"和"马车"不搭配。

3. 新生的/这儿的句意不是跟旧火车相比的一辆"新火车",而是世界上出现的第一辆火车,所以用"新生的",表示以前是没有的。

4. 比火车跑得快/比字句中"比"+名词应该放在动词的前面。

5. 都震坏了/把字句中不能没有动词,所以应加上一个意思合适的动词"震"。

6. 改进/"改变"与"机车"不搭配。

7. 获得了成功/"完成"与"成功"不搭配。

8. 经历/在这儿"经历"一词更确切。

9. 适合/"合适"是形容词,不能带宾语。

10. 灰心丧气/"灰心"比"丧气"程度轻,一般情况,先"灰心",然后更严重的才是"丧气"。

11. 吸取/与"教训"搭配最合适的是"吸取"。

第十九课

小提示

1) 只有这样,我们的生活里才不会发生这种不幸的事。

2) 现实中的"回声"不仅表现在人类社会中,而且表现在自然界中。

3) 如果人们对这些外界事物做出了友善的行动,它们便也会对人作出有益的反应。

4) 但他们不说如何活着,而说如何对待死亡。

5) 现代人不能抓住身边的快乐,所以他们常常说活得很累。

6) 科技发展会使人们享有丰裕的生活,然而也会威胁人类的生存。

7) 地球环境每天都在改变,甚至每时都在改变。

练习

1. 鸦、辉、械、盲、若、暇

2. 1) 不足、方向　　　2) 屡见不鲜　　　3) 辩证、吸取、一员

　　4) 节奏、抛弃、光芒　5) 实力、飞速、可能　6) 盲目、无用武之地

　　7) 应接不暇

4. 参考文章

> **蜡烛：保存自己　照亮别人**
>
> 　　人们常说，蜡烛为了人类的光明，燃烧了自己，这是一种牺牲精神，但我觉得，在现代社会这样做很不值得。牺牲自己，帮助别人固然可敬，但是如果既帮助了别人，同时又保存了自己的实力那不是更好吗？有的人遇到危险的情况，能够冷静地想一想，找到合适的办法，这样既救了别人，同时又不伤害自己，这样的作法，更值得欣赏。
>
> **网络：越来越远　真情交流少**
>
> 　　人们觉得，因为有了网络，我们拉近了和朋友间的距离，他们即使在很远的地方，我们也能跟他们很快联系。但我觉得，其实人和人之间的距离越来越远了。因为网络，我们不再有动笔写信时，慢慢体会的真情，面对键盘，很多感情都变得有些虚假。因为网络，我们也缺乏面对面交流的时间和激情，在网上道一声问候就行了，而没有时间和心情和朋友慢慢地坐下来仔细认真地交流。所以，从某种意义上来说，网络不是拉近了人与人的距离，而是疏远了人与人之间的距离。

改一改

1. 好品德/单音节形容词修饰名词时，可以不加"的"。

2. 好/理由同上。

3. 减慢

4. 量

5. 丰田公司事业发展的一个重要原因/定语放在名词的前面。

6. 再/已经发生的动作，用"又"。

7. 我国

8. 成为

9. 更是/"既……又……"后所带的格式应该相同。前面有"既是"，后面当然是"又是"。

10. 却不容易/"却"副词放在主语后，谓语前。

11. 好/"越来越"后所带形容词前不加别的程度副词。

12. 长此以往

13. 看到这些/由"看"引起了变化、结果时，"看"后要加补语。

14. 养成/习惯前常常用"养成"。

15. 为/在这里有服务的意思,也表示一种目的,所以用"为"最合适。

第二十课

小 提 示

虎头蛇尾	比喻做事有始无终,刚开始声势很大,后来劲头很小。
一日千里	形容工作、事情等进展很快。
饭后百步走,活到九十九	饭后常散步,可以长寿。
巧妇难为无米之炊	再手巧、能干的女人如果没有米,也做不出米饭来。比喻缺少必要的条件,再能干的人也干不成事。
人命关天	说明人的生命关系重大。

练 习

1. 盲、愈、绝、拯、惰、智

2. 1) 盲目、无疑　　2) 承受　　3) 天职、尽

   4) 患、绝症　　5) 冲动、明智　　6) 念头

4. 参考提纲

> **题目:帮助别人就是帮助自己**
>
> 一、简要引述材料,并提出论点:帮助别人就是帮助自己。
>
> 二、具体论述为什么帮助别人就是帮助了自己。
>
>   1. 运用寓言故事,说明每个人都要互相帮助,帮助别人的同时别人也在帮助自己,反之,如果你拒绝帮助别人,别人也会拒绝帮助你。
>
>   上帝领着一位教士去参观地狱和天堂。他们来到一个房间,只见一群骨瘦如柴,奄奄一息的人围坐在香气四溢的肉锅前,只因手里拿的汤勺把儿太长,尽管他们争着抢着往自己嘴里送肉,可就是吃不到,又馋又急又饿。上帝说,这就是地狱。他们走进另一个房间,这里跟地狱同样飘溢着肉汤的香气,同样手里拿着的是特别长的汤勺。但是,这里的人个个红光满面,精神焕发。原来他们个个手里拿着长勺把肉汤喂进对方嘴里。上帝说,这就是天堂。

2. 运用中国古代的俗语,说明自己帮助了别人,别人也会帮助自己。

　　① 投之以桃,报之以李

　　② 滴水之恩,当涌泉相报

三、我们要尽自己的可能帮助别人。

改一改

1. 或/在世界上"国家"和"地区"是并列的,不是指一个国家内的地区。

2. 去掉"到处"/"到处"的意思是每个地方都有,意思有点儿过分。

3. 认为这说明大家都有了爱护和保护动物的意识/"大家知道了爱护与保护动物"这个意思,用"有……意识"。

4. 有意思/"有滋味"或说"有滋有味"常用来修饰生活。如"有滋有味的留学生活""有滋有味地生活"。

5. 对这种做法就不以为然/"不以为然"就包含"觉得"的意思,所以前面不要再用"觉得"。

6. 喝不上/这儿的意思是没有条件喝水,用补语"上"。

7. 好处/"益处"书面语一些,用"好处"就可以了。

8. 打破/"打破"修饰"希望"更恰当。

9. 染成别的颜色/把字句中动词后应有别的成分。

10. 适当/"妥当"和"自由"不搭配。

11. 亲手/毛衣是亲自用手做的,用"亲手"一词。

12. 趾/没有"爪甲"一词,动物爪子上的是"趾甲"。

13. 有自己选择生活方式的自由/这儿的意思是动物应该像人一样"有……的自由"。

生词总表

A

阿尔伯特·哈伯德	（人名）	Ā ěr bó tè·Hā bó dé	Albert Harbede	15
挨打	（动）	áidǎ	take a beating	19
按	（介）	àn	according to	4
昂贵	（形）	ángguì	costly	7

B

拜年	（动）	bàinián	pay a New Year call	14
半途而废	（成）	bàn tú érfèi	give up halfway	18
棒	（形）	bàng	terrific	6
报	（动）	bào	respond	18
保存	（动）	bǎocún	conserve	4
报告	（名、动）	bàogào	report	5
背景	（名）	bèijǐng	background	17
奔	（动）	bèn	run	13
辩证	（形）	biànzhèng	dialectical	19
必不可少		bìbùkěshǎo	indispensable; essential; necessary	14
别提		biétí	don't mention; indescribably	12
比如说		bǐrúshuō	for example	6
菠菜	（名）	bōcài	Spinach	12
玻璃	（名）	bōlí	glass	11
不仅……而且……		bùjǐn...érqiě...	not only... but also...	6
布什	（人名）	Bùshí	Bush	15
部属	（名）	bùshǔ	troops under one's command	15

不懈		búxiè	relax one's efforts	15

C

采菊东篱下,悠然见南山		cǎijúdōnglíxià, yōuránjiànnánshān	an ancient poem describing the peaceful mood	19
材料	(名)	cáiliào	material	11
曾	(副)	céng	ever	2
畅销	(形)	chàngxiāo	sell well	15
焯	(动)	chāo	rinse in the hot water quickly	12
超过	(动)	chāoguò	overrun	18
炒年糕	(名)	chǎoniángāo	Fried rice cake	12
超越	(动)	chāoyuè	exceed	16
查询	(动)	cháxún	inquiry	3
沉甸甸	(形)	chéndiàndiàn	so heavy	10
承受	(动)	chéngshòu	endure	20
持之以恒		chízhīyǐhéng	perservere	18
冲	(动)	chōng	rush	8
冲动	(动)	chōngdòng	impulse; get excited	20
充满	(动)	chōngmǎn	be brimming/ permeated with	9
串	(量)	chuàn	a string of; bunch; cluster	7
创意	(名)	chuàngyì	originality	2
出乎意料		chūhūyìliào	unexpectedly	10
出类拔萃		chūlèibácuì	stand out from one's fellows	10
纯	(形)	chún	pure	7
此外		cǐwài	what's more	2
匆匆	(形)	cōngcōng	hurriedly	19
匆忙	(形)	cōngmáng	in a hurry	3

| 挫折 | （名） | cuòzhé | frustration | 17 |

D

呆	（动）	dāi	stay	9
胆怯	（名、形）	dǎnqiè	timid; timidity	16
担任	（动）	dānrèn	assume	2
单行本	（名）	dānxíngběn	separate edition	15
导师	（名）	dǎoshī	tutor	4
垫	（动）	diàn	fill up; put sth. under sth. else	12
电吹风	（名）	diànchuīfēng	electric hair-blower	11
点缀	（名）	diǎnzhuì	embellish; ornament; adorn	9
调查	（动、名）	diàochá	investigation	5
凋零	（形）	diāolíng	withered	17
地道	（形）	dìdào	pure	7
顶	（动）	dǐng	carry on the head	8
定睛一看		dìngjīngyíkàn	look carefully	8
丢	（动）	diū	lose	1

F

发表	（动）	fābiǎo	publish; issue; vend	6
发挥	（动）	fāhuī	promote	2
发票	（名）	fāpiào	receipt	3
法则	（名）	fǎzé	principle	17
丰盛	（形）	fēngshèng	rich; sumptuous	14
风行	（形）	fēngxíng	be popular	15
否则	（连）	fǒuzé	otherwise	12
附	（动）	fù	attach	2
负担	（名）	fùdān	burden	17
复印件		fùyìnjiàn	copy	2

G

改善	（动、名）	gǎishàn	improve; perfect	5
缸	（名）	gāng	jar; vat	13
赶紧	（形）	gǎnjǐn	hurriedly	3
感受	（动、名）	gǎnshòu	feel, taste	14
各自	（形）	gèzì	each; respective	13
攻读	（动）	gōngdú	major in	4
攻克	（动）	gōngkè	capture	20
股	（量）	gǔ	A kind of	8
光	（副）	guāng	only	7
光芒	（名）	guāngmáng	rays of light	19
古巴	（地名）	Gǔbā	Cuba	15
贵	（形）	guì	expensive	2
规定	（名）	guīdìng	prescription	4
过程	（名）	guòchéng	process	16

H

孩提	（名）	háití	childhood	9
哼	（叹词）	hng	an interjection	8
化	（词尾）	huà	used as a suffix to a noun or an adjective to indicate sth. or sb. is becoming or made to have the attribute	20
怀念	（动）	huáiniàn	miss	6
画面	（名）	huàmiàn	tableau	13
患	（动）	huàn	contract (an illness)	20
欢呼	（动）	huānhū	cheer	18
环境	（名）	huánjìng	environment	1
花样	（名）	huāyàng	pattern; variety	10
恢复	（动）	huīfù	recover	17
辉煌	（名、形）	huīhuáng	splendid	19

湖南	（专名）	Húnán	Hunan	7
获得	（动）	huòdé	attain; acquire	2
火腿	（名）	huǒtuǐ	Ham	12
护照	（名）	hùzhào	passport	3

J

煎	（动）	jiān	fry	12
奖学金	（名）	jiǎngxuéjīn	scholarship	4
酱油	（名）	jiàngyóu	soy	12
健康	（形、名）	jiànkāng	in good health	1
简历	（名）	jiǎnlì	resume	2
坚硬	（形）	jiānyìng	hard	18
交流	（动、名）	jiāoliú	communicate	6
加西亚	（人名）	jiāxīyà	Garcia	15
加以	（动）	jiāyǐ	give	17
揭	（动）	jiē	expose; tear/take off	11
竭尽全力		jiéjìnquánlì	lay oneself out	8
接着	（副）	jiēzhe	then	11
节奏	（名）	jiézòu	rhythm	19
机会	（名）	jīhuì	chance	1
记录	（动、名）	jìlù	take notes; notes	6
寂寞	（形）	jìmò	lonely	13
仅次于		jǐncìyú	only less than	14
斤斤计较	（形）	jīnjīnjìjiào	be calculating	16
尽快	（副）	jǐnkuài	as soon as possible	2
锦旗	（名）	jǐnqí	brocade flag	10
尽情	（形）	jìnqíng	as much as one likes	14
进一步	（形、副）	jìnyíbù	further	5
祭祀	（动、名）	jìsì	fete	14
机械	（形、名）	jīxiè	machine; mechanical	19
继续	（动）	jìxù	go on	1

记忆	（名）	jìyì	memory	16
及时	（形）	jíshí	in time	1
锯	（动）	jù	saw	18
绝症	（名）	juézhèng	incurable disease	20
聚集一堂		jùjíyìtáng	all together	14
距离	（名）	jùlí	distance	11
居留证	（名）	jūliúzhèng	residence permit	3

K

开拓	（动）	kāituò	develop	2
可见		kějiàn	one can see that	5
挎	（动）	kuà	carry on arm, over shoulder or at side	8
宽阔	（形）	kuānkuò	broad; spacious	13
困惑	（形）	kùnhuò	puzzle	13

L

辣椒	（名）	làjiāo	hot/red pepper	7
懒惰	（形）	lǎnduò	lazy	20
牢	（形）	láo	firmly	11
雷鸣		léimíng	the roll of thunder	18
连接	（动）	liánjiē	join; link	7
连续	（副）	liánxù	continuously	10
了解	（动、名）	liáojiě	know	6
裂	（动）	liè	split; crack	12
临	（动）	lín	face; overlook	12
李翘	（人名）	Lǐ Qiáo	a person's name	16
李小军	（人名）	Lǐ Xiǎojūn	a person's name	16
利用	（动）	lìyòng	make use of	16
聋	（形）	lóng	deaf	18
鹿	（名）	lù	deer	17

捋	（动）	lǚ	roll up one's sleeve	8
屡	（副）	lǚ	repeatedly	17
屡见不鲜		lǚjiànbùxiān	common occurrence; nothing new	19
录用	（动）	lùyòng	hire	2

M

麦当劳	（名）	Màidāngláo	McDonld's	5
盲目	（形）	mángmù	blind	19
漫画	（名）	mànhuà	cartoon	13
霉	（名、形）	méi	mildew	7
渺茫	（形）	miǎománg	uncertain	18
灭顶之灾		mièdǐngzhīzāi	extinct	17
米粉	（名）	mífěn	rice flour	14
明智	（形）	míngzhì	wise; sensible	20
民以食为天		mínyǐshíwéitiān	Food plays an important role in the daily life	7
末	（名、形）	mò	powder	7
抹	（动）	mǒ	put on	12
目前	（名）	mùqián	at present	4

N

呐喊	（动、名）	nàhǎn	shout; cry out	10
念头	（名）	niàntou	idea	20
拧	（动）	níng	screw	11
你追我赶	（形）	nǐzhuīwǒgǎn	competitively	1
浓	（形）	nóng	dense; thick	7

P

| 扒分 | | páfēn | earn money | 8 |
| 盘剥 | （动） | pánbō | exploit | 16 |

抛弃	（动）	pāoqì	abandon; forsake	19
配合	（动）	pèihé	cooperate	6
配料	（名）	pèiliào	ingredient	12
培养	（动）	péiyǎng	foster; train	6
平衡	（名）	pínghéng	balance	17
贫困	（名、形）	pínkùn	poverty	16

Q

签名		qiān míng	sign one's name	15
千辛万苦	（成）	qiānxīnwànkǔ	innumerable hardships	15
巧	（形）	qiǎo	skillful; ingenious	11
窍门	（名）	qiàomén	key (to problem); knack	11
锲而不舍	（成）	qiè ér bù shě	work with perseverance	18
气氛	（名）	qìfēn	atmosphere	1
期间	（名）	qījiān	during the period of time	2
奇妙	（形）	qímiào	marvelous	9
情侣	（名）	qínglǚ	sweethearts	9
轻松	（形）	qīngsōng	relaxed	1
钦佩	（动）	qīnpèi	admire	3
启事	（名）	qǐshì	announcement	2
缺之不可		quēzhībùkě	absolutely necessarily	17

R

任	（动）	rèn	appoint to a position	15
人力资源部	（名）	rénlì zīyuánbù	department of human resources	2
人命关天		rénmìngguāntiān	a matter of life and death	20
人情	（名）	rénqíng	human relationship	14
人手		rénshǒu	manpower; hand	15
荣誉	（名）	róngyù	honor	10

S

扫墓		sǎomù	visit the grave	14
涉及	（动）	shèjí	involved	4
盛大	（形）	shèngdà	magnificent	14
生态	（名）	shēngtài	ecotype	17
深刻	（形）	shēnkè	profound; deep-going	10
什么的		shénmede	and so on	6
神秘	（形）	shénmì	mysterious; mystical	9
申请	（动）	shēnqǐng	apply	4
甚至	（副）	shènzhì	even	5
奢望	（名）	shēwàng	extravagant hopes	18
摄影	（名、动）	shèyǐng	take a photograph; photography	6
式	（词尾）	shì	style	9
世外桃源		shì wài táoyuán	the land of Peach Blossoms	9
师傅	（名）	shīfu	comrade	3
世纪	（名）	shìjì	century	19
拾金不昧		shíjīnbúmèi	not pocket the money one picks up	3
实力	（名）	shílì	strength	19
世俗	（名、形）	shìsú	secular; common custom	16
失误	（名）	shīwù	mistake	10
视线	（名）	shìxiàn	line of vision	9
食用油	（名）	shíyòngyóu	oil	12
适中	（形）	shìzhōng	medium	5
涮	（动）	shuàn	rinse	11
殊不知		shūbùzhī	but they don't know	17
书虫	（名）	shūchóng	bookworm	17
水域	（名）	shuǐyù	water field	13
顺利	（形）	shùnlì	smooth; successful	1

似乎	（副）	sìhū	it seems; as if	13
思念	（名）	sīniàn	miss	7
松片	（名）	sōngpiàn	a traditioual Chinese dessert	14
算计	（名、动）	suànjì	reckon	16
酸萝卜	（名）	suānluóbo	Sour radish	12
俗话	（名）	súhuà	common saying; proverb	7
随后		suíhòu	later	15
塑料	（名）	sùliào	plastic	8

T

态度	（名）	tàidù	attitude	5
倘若	（连）	tǎngruò	if; supposing; in case	19
忐忑不安		tǎntèbùān	uneasy; fidgety	10
特	（副）	tè	specially	4
特长	（名）	tècháng	one's strong suit	2
《甜蜜蜜》	（片名）	Tiánmìmì	a film's name	16
天职	（名）	tiānzhí	vocation	20
跳槽	（动）	tiàocáo	change; jobs	15
调料	（名）	tiáoliào	seasoning	12
体面	（形）	tǐmiàn	dignity; face	20
体质	（名）	tǐzhì	physiqne	17
团结	（名、形）	tuánjié	unite; rally; harmony	10
退步	（动）	tuìbù	lag behind	1
褪色	（形）	tuìsè	faded	8
托付	（动）	tuōfù	recommend	15

W

网	（名）	wǎng	Internet	1
完好	（形）	wánhǎo	intact; whole	11
顽强	（形）	wánqiáng	indomitable; tenacious	18

委	（动）	wěi	entrust	15
位置	（名）	wèizhi	position	13
文献	（名）	wénxiàn	literature	4
五彩缤纷	（形）	wǔ cǎi bīnfēn	blazing with color	9
污点	（名）	wūdiǎn	stain; spot; blemish	19
无疑	（副）	wúyí	beyond doubt; undoubtedly	20
无用武之地		wúyòngwǔzhīdì	useless	19

X

乡愁	（名）	xiāngchóu	nostalgia; homesickness	7
想念	（动、名）	xiǎngniàn	miss	1
向往	（动）	xiàngwǎng	yearn	9
享用	（动）	xiǎngyòng	enjoy	14
相遇	（动）	xiāngyù	meet	16
现金	（名）	xiànjīn	cash	3
羡慕	（动）	xiànmù	envy; admire	13
现年		xiànnián	present age	2
显示	（动、名）	xiǎnshì	show; display	5
鲜鱼凉粉	（名）	xiānyúliángfěn	a Korean ingredient	12
小型	（形）	xiǎoxíng	small-sized	5
懈	（动）	xiè	lax	18
谢绝	（动）	xièjué	refuse	3
心醉		xīn zuì	be charmed	9
信赖	（动）	xìnlài	trust	15
辛勤	（形）	xīnqín	hard	10
新西兰	（专名）	Xīnxīlán	New Zealand	7
修	（动）	xiū	study	4
修缮	（动）	xiūshàn	renovate; repair	9
悉心	（形）	xīxīn	with utmost care	4
西藏	（专名）	Xīzàng	Tibet	6

Y

阳历	（名）	yánglì	Solar calendar	14
鸦片战争	（专名）	Yāpiànzhànzhēng	Opium War	19
压岁钱	（名）	yāsuìqián	money given to children as a lunar New Year gift	14
一事无成	（成）	yí shì wú chéng	accomplish nothing	18
一般	（形、副）	yìbān	usually	5
一次性		yícìxìng	onetime	4
一寸光阴一寸金		yícùn guāngyīn yícùn jīn	Don't waste the time	1
屹立	（动）	yìlì	stand towering (lit./fig.)	9
银	（形、名）	yín	silver	8
引人入胜	（成）	yǐn rén rù shèng	absorbing	9
应接不暇		yìngjiēbùxiá	too busy to attend to all	19
影响	（动、名）	yǐngxiǎng	affect; influence	6
阴历	（名）	yīnlì	Lunar calendar	14
一日千里	（成）	yírìqiānlǐ	a thousand li a day	20
仪式	（名）	yíshì	rite	14
一时	（副）	yìshí	a period of time; a short while	20
意味	（动）	yìwèi	mean	14
仪仗队	（名）	yízhàngduì	guard of honour	10
意志	（名）	yìzhì	will; determination	18
由此看来		yóucǐkànlái	therefor	5
有关		yǒuguān	be relevant	3
悠久	（形）	yōujiǔ	age-old	9
油腻	（形）	yóunì	greasy	12
油然升起	（形）	yóuránshēngqǐ	can't help rising	8
有心人	（名）	yǒuxīnrén	person with high aspirations	11
原谅	（动）	yuánliàng	forgive	1
圆筒状		yuántǒngzhuàng	in cylinder	12

跃	（动）	yuè	jump	13
约会	（名）	yuēhuì	date	5
愉快	（形）	yúkuài	happy	1
预期	（动）	yùqī	anticipate	17
余热		yúrè	one's contributions after he/she retired	8
予以		yǔyǐ	give	4
郁郁葱葱		yùyùcōngcōng	green and luxuriant	9

Z

则	（连）	zé	then	4
摘	（动）	zhāi	pick up	7
粘	（动）	zhān	glue; stick; paste	11
掌声	（名）	zhǎngshēng	applause	10
展览馆	（名）	zhánlǎnguǎn	exhibition hall	3
照搬		zhàobān	copy	19
招聘	（动）	zhāopìn	invite applications for a job	2
遮	（动）	zhē	cover	8
折磨	（动）	zhémó	persecute; torment	20
争气	（动）	zhēngqì	fight to excel	10
整装待发		zhěngzhuāngdàifā	ready and waiting	10
拯救	（动）	zhěngjiù	save; rescue	20
致	（动）	zhì	deliver	15
指挥	（名）	zhǐhuī	command	10
知识面		zhīshimiàn	knowledge	2
执行	（动）	zhíxíng	carry out	17
至于	（连）	zhìyú	as far as concerned	5
中国化		zhōngguóhuà	in Chinese style	7
终结	（动）	zhōngjié	end	20
中尉	（名）	zhōngwèi	first lieutenant	15

衷心	（形）	zhōngxīn	heartfelt	3
种子	（名）	zhǒngzi	seed	7
州长	（名）	zhōuzhǎng	Chief Executive	15
幢	（量）	zhuàng	a measure word for building	9
装备	（名）	zhuāngbèi	equipment	10
嘱咐	（动）	zhǔfù	enjoin	10
追问	（动）	zhuīwèn	question minutely	3
准	（形）	zhǔn	accurate; exact	11
酌情		zhuóqíng	use one's discretion	4
主人公	（名）	zhǔréngōng	hero or heroine	16
紫菜包饭	（名）	zǐcàibāofàn	Rice rolled by laver (kimbam)	12
自然保护区	（名）	zìránbǎohùqū	nature protection area	17
自由自在	（形）	zìyóuzìzài	freely	13
总结	（动、名）	zǒngjié	sum up; summerize	19
钻研	（动）	zuānyán	study intensively	4
尊敬	（形、动）	zūnjìng	respect	1